Entscheidungshilfen für den persönlichen Bildungsweg

Ausgabe Dezember 1998

Die Abteilung Schulpsychologie-Bildungsberatung engagiert sich für die Schaffung von Transparenz und Mündigkeit im psychologischen Bereich, z.B. bei Fragen der Persönlichkeitsentwicklung und der individuellen Bildungsplanung. Alle in der Abteilung Schulpsychologie-Bildungsberatung des BMUK erstellten Broschüren wurden und werden von den Autor(inn)en ohne Honorarforderung verfasst und sind hier (Wien 1, Freyung 1, 4.Stock, Zimmer 411) kostenlos abholbar (in den übrigen Bundesländern kann auch bei der nächstgelegenen schulpsychologischen Beratungsstelle nach ev. aufliegenden Broschüren gefragt werden). Bei Zusendung größerer Stückmengen sind die Versandkosten vom Empfänger zu tragen.

Herausgeber und Verleger:
Abteilung Schulpsychologie-Bildungsberatung im
Bundesministerium für Unterricht und kulturelle Angelegenheiten, 1010 Wien, Freyung 1.

Inhalt: Dr. Gerhard Krötzl
Lektorat: Susanna Herdin

ORat Dr. G. Krötzl leitet in der Abteilung Schulpsychologie-Bildungsberatung das Referat V/8c (Informationsvernetzung - Ressourcenoptimierung - Organisationsentwicklung)
ADir. Susanna Herdin leitet in der Abteilung Schulpsychologie-Bildungsberatung das Referat V/8b (Administration - Dokumentation - Redaktion)

Hersteller:
Eugen Ketterl Gesellschaft m.b.H., 1180 Wien, Schopenhauerstraße 45.

ISBN 3-85031-002-7

VORWORT

Liebe Schülerinnen und Schüler!
Liebe Eltern!

Die Berufswahl ist eine große Lebensentscheidung. Sie muss gut vorbereitet werden. Das Erkennen und Fördern von Interessen, Neigungen und Begabungen ist Voraussetzung dafür, eine „gute Entscheidung" treffen zu können.

Besonders aufmerksam machen möchte ich auf die Schüler- und Bildungsberater(innen) an den Schulen. Gemeinsam mit der Schulpsychologie-Bildungsberatung bilden sie ein Beratungsnetz, das vielen Schülerinnen und Schülern hilft!

Die vorliegende Broschüre gibt Hinweise, welche Gesichtspunkte allgemein bei Schullaufbahnentscheidungen und speziell ab der achten Schulstufe berücksichtigt werden sollten, und hilft bei der Ideensammlung für eine individuell „maßgeschneiderte" Ausbildungswahl!

Viel Erfolg für die weiteren Bildungsschritte!

Elisabeth Gehrer
Bundesministerin für Unterricht und kulturelle Angelegenheiten

Inhaltsverzeichnis

Wie kann ich diese Broschüre verwenden

Für wen wurde diese Broschüre geschrieben?

- Für Schülerinnen und Schüler etwa ab der 6.Schulstufe,
- für Eltern,
- für Lehrerinnen und Lehrer,
- für Beraterinnen und Berater bei Bildungsentscheidungen.

Welche Kapitel sind für mich besonders wichtig?

Für Schülerinnen und Schüler

Alle Schulstufen

- „8 Hinweise“ (→ Seite 10)
- Beratungsmöglichkeit durch den Schülerberater bzw. die Schülerberaterin (→ Seite 164)
- Beratungsmöglichkeit durch Schulpsychologie-Bildungsberatung (→ Seite 157)
- Angebote der Berufsinformationszentren (→ Seite 168)
- Effektive Nutzung von Bildungsmessen (→ Seite 172)
- Hinweise auf weitere Broschüren und „Neue Medien“ (→ Seite 180)

4. Klasse Hauptschule oder AHS-Unterstufe

- Welche höhere Schule nach der Hauptschule oder AHS-Unterstufe kommt für mich in Frage? (→ Seite 30)
- Welche mittlere Schule nach der Hauptschule oder AHS-Unterstufe kommt für mich in Frage? (→ Seite 86)

Polytechnische Schule, neuntes Pflichtschuljahr oder Schulabbruch in höheren Schulstufen

- Welche Ausbildung nach der Pflichtschulzeit kommt für mich in Frage? (→ Seite 122)

Für Eltern

Alle Schulstufen

- „11 Impulse“ → Seite 13 (insbesondere Impuls 2,4 und 11).
- Beratungsmöglichkeit durch Schulpsychologie-Bildungsberatung (→ Seite 157)
- Informationsmöglichkeit durch Schulservice (→ Seite 166)
- Effektive Nutzung von Bildungsmessen (→ Seite 172)
- Hinweise auf weitere Broschüren und „Neue Medien“ (→ Seite 180)

4. Klasse Volksschule

- Zusätzlich Impulse 3,6,8 und 9 von „11 Impulse“ (→ Seite 13)

Ab 5. Schulstufe (Hauptschule oder AHS)

- Zusätzlich Impulse 6 und 10 von „11 Impulse“ (→ Seite 13)
- Beratungsmöglichkeit durch den Schülerberater bzw. die Schülerberaterin (→ Seite 164)

2. Klasse AHS

- Zusätzlich Impulse 3 und 9 von „11 Impulse“ (→ Seite 13)

Ab 3. Klasse Hauptschule oder AHS

- Angebote der Berufsinformationszentren (→ Seite 168)

4. Klasse Hauptschule oder AHS

- Welche höhere Schule nach der Hauptschule oder AHS-Unterstufe kommt für mich in Frage? (→ Seite 30)
- Welche mittlere Schule nach der Hauptschule oder AHS-Unterstufe kommt für mich in Frage? (→ Seite 86)

Polytechnische Schule, neuntes Pflichtschuljahr oder Schulabbruch in höheren Schulstufen

- Welche Ausbildung nach der Pflichtschulzeit kommt für mich in Frage? (→ Seite 122)

Für Lehrerinnen und Lehrer

Alle Schulstufen

- „11 Impulse“ → Seite 13 (insbesondere Impuls 1,2,4 und 6)
- Beratungsmöglichkeit durch Schulpsychologie-Bildungsberatung (→ Seite 157)

- Effektive Nutzung von Bildungsmessen (→ Seite 172)
- Hinweise auf weitere Broschüren und „Neue Medien“ (→ Seite 180)

Ab 5. Schulstufe
- Zusätzlich Impuls 10 von „11 Impulse“ (→ Seite 25)
- Beratungsmöglichkeit durch den Schülerberater bzw. die Schülerberaterin (→ Seite 164)

Ab 8. Schulstufe
- Alle „11 Impulse“ (→ Seite 13)

Für Beraterinnen und Berater
- Welche höhere Schule nach der Hauptschule oder AHS-Unterstufe kommt für mich in Frage? (→ Seite 30)
- Welche mittlere Schule nach der Hauptschule oder AHS-Unterstufe kommt für mich in Frage? (→ Seite 86)
- Welche Ausbildung nach der Pflichtschulzeit kommt für mich in Frage? (→ Seite 122)
- Angebote der Berufsinformationszentren (→ Seite 168)
- Informationsmöglichkeit durch Schulservice (→ Seite 166)
- Effektive Nutzung von Bildungsmessen (→ Seite 172)
- Hinweise auf weitere Broschüren und „Neue Medien“ (→ Seite 180)
- Bei den „11 Impulsen“ (→ Seite 13) finden sich jeweils spezielle, zusätzliche Hinweise für Beraterinnen und Berater

Die Broschüre leitet Schülerinnen, Schüler und Eltern an, Schullaufbahnentscheidungen sehr persönlich und gründlich vorzubereiten, und gibt dazu Ideen und Hinweise. Fragen, Anregungen oder Korrekturhinweise zu dieser Broschüre werden gerne entgegengenommen (Dr. Krötzl, Tel. 01/53120-2582). Nähere Beschreibungen der einzelnen Schulformen sowie Adressen von Schulen bitte den Informationsschriften über spezielle Schularten (Bildungswege zur Matura an AHS, Bildungswege im lehrenden Bereich, Bildungswege im helfenden Bereich, Bildungswege nach dem 18.Lebensjahr, ABC der berufsbildenden Schulen) entnehmen. Bei Fragen helfen auch die Schülerberaterin und der Schülerberater.

Viel Erfolg!

Gerhard Krötzl
Abteilung Schulpsychologie-Bildungsberatung im BMUK

Was ist wichtig für die optimale Schulwahl?

8 Hinweise für Schülerinnen und Schüler

1. Klarheit über das Ziel gewinnen

Stellt euch folgende Fragen vor Übertritten:

- Zu welchem Ziel soll mich Schule führen?
- Welche Fähigkeiten möchte ich erwerben?

Ob eine bestimmte **Schultypwahl** bestimmte **persönliche Entwicklungsziele besonders fördert,** muss genau überlegt werden.

Im Berufsleben werden heute allgemein übergreifende **„Schlüsselqualifikationen“** als wichtig erachtet, wie z. B. Flexibilität, Teamfähigkeit, Bereitschaft zu lebenslangem Lernen sowie Kontaktfähigkeit aber auch Durchsetzungsfähigkeit.

2. Lust am Lernen fördern

Schule soll die Lust am Lernen fördern. Dies ist besonders wichtig, weil in Zukunft im Berufsleben noch mehr als bisher ständiges Weiterlernen erforderlich sein wird. Bei welcher Schultype ist das am ehesten für mich möglich?

3. Sich nicht auf einen „Beruf für das Leben“ fixieren

Der „Beruf fürs Leben“ ist die Ausnahme, nicht mehr die Regel.

In Zukunft braucht ihr in der **Berufsausbildung vermehrt folgende Fähigkeiten:**

- Breites Grundwissen
- Offenheit für neue Situationen
- Fähigkeit, neues Wissen und neue Erfahrungen schnell auf ihre Wichtigkeit überprüfen, einordnen und verfügbar machen können

- Verständnis für Entwicklungen und ihre Gesetzmäßigkeiten
- Ich-Stärke und Selbstvertrauen
- Flexibilität bzw. Autonomie gegenüber dem einmal erlernten Beruf (d. h. verschiedene Anwendungen des erlernten Wissens und Könnens, z. B. auch in ganz neuen Bereichen zu finden)

4. Für die Ausbildung nach der Pflichtschulzeit ist speziell zu beachten
- Habe ich notwendige **spezifische begabungsmäßige Voraussetzungen** für den Besuch einer **weiterführenden** Schule? Auch dem Beginn einer Berufsausbildung (Lehre oder Schule) muss eine intensive Auseinandersetzung mit den eigenen Neigungen und Möglichkeiten vorangehen.
- Habe ich **prinzipiell eine positive Einstellung zum weiteren Lernen in der Schule?** Dies ist für den Besuch jeder weiterführenden Schule Voraussetzung.
- Wie ist meine **Bereitschaft für den geforderten Arbeitseinsatz** (in HTLs bis zu 40 Wochenstunden Unterricht)?

5. Unterschiedliche Gesichtspunkte in die Entscheidung miteinbeziehen
Die **Entscheidung** für eine bestimmte Schule sollte **möglichst ganzheitlich** fallen.
Berücksichtigt daher:
- Interessen
- Fähigkeiten
- Berufswünsche
- Berufliche Realität (Aufstiegsmöglichkeiten, Bezahlung, Arbeitsbedingungen)
- Allgemeine bisherige schulische Leistungsfähigkeit
- Örtliche Bedingungen
- Familiensituation (Klärung der unterschiedlichen Wünsche und Erwartungen, Trennungsprobleme)
- Schul-, Wohn- bzw. Arbeitsklima in der zukünftigen Ausbildungsstätte.

Die Berücksichtigung mehrerer unterschiedlicher Entscheidungsgrundlagen ist immer besser als eine einseitige Orientierung!

6. Widersprechende Informationen klären
Manchmal sind die Informationen, die man über eine bestimmte Schule oder einen Beruf bekommt, widersprüchlich.
Wenn die Berücksichtigung einer neuen Information sehr bedeutsame Konsequenzen hätte, zusätzlicher Erfahrungen und Meinungen einholen!

7. Unterstützungsangebote durch die Schule nützen

Diese Unterstützung sollte man sich nicht entgehen lassen:

- **Berufsorientierungsunterricht:**
  In der 7. und 8. Schulstufe - in manchen Schulen auch schon in der 6. Schulstufe - wird für alle Schülerinnen und Schüler, entweder im Rahmen des Unterrichtes in den anderen Fächern oder als eigener Unterrichtsgegenstand, die verbindliche Übung „Berufsorientierung“ durchgeführt. Darüberhinaus besteht in einigen Schulen die Möglichkeit, zusätzlich noch die unverbindliche Übung (freiwillig) gleichen Namens zu besuchen.
- **Schüler- und Bildungsberater(innen):**
  Schüler- und Bildungsberater(innen) bieten allen Schüler(inne)n und deren Eltern individuelle Beratungen an.
- **Schulpsychologinnen und Schulpsychologen:**
  Wenn besonders große Unsicherheit besteht, bisher noch keine Anhaltspunkte für die Bildungswahl gefunden werden konnten und/oder Konflikte in der Familie darüber sichtbar werden, stehen die Schulpsychologinnen und Schulpsychologen für professionelle psychologische Beratung und Diagnostik zur Verfügung.

Zusätzlich zu den Angeboten im Schulbereich besteht in **Berufsinformationszentren** des Arbeitsmarktservices und der Wirtschaftskammer die Möglichkeit, sich über Berufe zu informieren und beraten zu lassen.

8. Alle Phasen der Entscheidungsfindung durchlaufen

Jede Entscheidung ist ein Prozess. Die folgenden vier Phasen sind wichtig:

Phase 1 – Die selbstständige Entscheidung vorbereiten

Entscheidungen die einen selbst betreffen, sollte man auch selbst treffen. Aber man sollte auch auf den Rat von Menschen, denen man vertraut, nicht verzichten.

Phase 2 – Die eigenen Wünsche und Möglichkeiten bestimmen

Was sind meine Stärken und was sind meine Schwächen? Welche Interessen und Begabungen habe ich? In welcher Lebenssituation bin ich, welche Veränderungen sind vorstellbar, welche nicht (z. B. Schulbesuch mit Internat – ja oder nein)?

Phase 3 - Lösungsmöglichkeiten finden

Nun muss man **Ausbildungsmöglichkeiten** finden, die zu einem passen. Es ist ratsam, **nach mehreren Alternativen zu suchen** und sich nicht sofort auf eine bestimmte Schule bzw. Schulform festzulegen.

Phase 4 – Alternativen überprüfen - Entscheidung treffen
Alternativen überlegen, nach **Informationen** fragen! Wichtig ist **„Hingehen" und „Anschauen"**. Günstig ist es auch, mit den Schülerinnen und Schülern dieser Schule zu sprechen. Auch Gespräche mit ehemaligen Absolventinnen und Absolventen (z. B. im Verwandten- oder Bekanntenkreis) sind wertvoll.

11 Spezielle Impulse für Beraterinnen und Berater, Bildungsfachleute und Eltern

Im Folgenden werden die „8 Hinweise" für Schülerinnen und Schüler für alle, die die Bildungsentscheidung mitbeeinflussen, ausführlicher behandelt und ergänzt.

1. Den Zusammenhang zwischen Persönlichkeitsentwicklung und Schulwahl bewusst machen!
Bildung und Persönlichkeit haben viel miteinander zu tun. Die **Schule soll ja an der Persönlichkeitsentwicklung der Schülerinnen und Schüler mitwirken**. Das ist in den Schulgesetzen (z. B. §2 Abs. 1 des Schulorganisationsgesetzes) festgelegt. So haben alle österreichische Schulen allgemeine Aufgaben: Entwikklung der Anlagen der Jugend, Erziehung zum selbsttätigen Bildungserwerb, Heranbildung von Verantwortungs- und Pflichtbewusstsein, Aufgeschlossenheit gegenüber dem politischen und weltanschaulichem Denken anderer sowie Herausbildung von selbstständigem Urteil und sozialem Verständnis.
In den **Bildungsinstitutionen** Kindergarten und Schule verbringen die Kinder und Jugendlichen einen **beträchtlichen Teil der Tageszeit**. Kindergarten und Schule haben daher auch großen Einfluss auf die Gesamtentwicklung der Heranwachsenden. Hier erlernen und erleben sie erst so richtig den Umgang mit anderen, das **„Einordnen" und „Sich Behaupten" in einer Gruppe**. Je mehr Betreuungs- und Erziehungsaufgaben von der Gesellschaft und den Eltern an die Schule delegiert werden, desto bedeutsamer wird diese für die Gesamtentwicklung der Heranwachsenden.
Daher – und vielfach auch aus dem Gefühl der Unsicherheit, welche zukünf-

tigen Anforderungen sich den jungen Menschen in der (Berufs-)Welt stellen werden – investieren viele Eltern in die Wahl des „richtigen“ Bildungsweges und der „richtigen“ Schule viel Zeit, Energie und Geld. Der Leitgedanke ist: Durch eine „gute“ Ausbildung wird der Grundstein für eine glückliche Kindheit und positive Persönlichkeitsentwicklung bzw. die Erringung eines möglichst hohen, anerkannten Bildungsabschlusses als Voraussetzung für hohes soziales Prestige gelegt. So wird von Eltern die Schulwahl als Mittel zur Zukunftssicherung und Persönlichkeitsentwicklung für ihre Kinder verstanden. Zu einigen typischen Fragen, die sich dabei stellen, werden im Folgenden aus schulpsychologischer Sicht einige Anregungen gegeben.

2. Auf die Ziele der Persönlichkeitsentwicklung hinweisen!

Da in der pluralistischen Gesellschaft kein allgemein gültiger Konsens über Sozialnormen, Erziehungsziele und Erziehungsstile besteht, geht es für **Eltern** zunächst darum, sich darüber klar zu werden, **welche Entwicklung sie sich selbst für ihr Kind wünschen.**

Im Berufsleben werden heute allgemein **übergreifende Kompetenzen** (z. B. „Schlüsselqualifikationen“) als wichtig erachtet, wie z. B. Flexibilität, Teamfähigkeit, Bereitschaft zu lebenslangem Lernen sowie Kontaktfähigkeit aber auch Durchsetzungsfähigkeit. Schülerinnen und Schüler sollen lernen, Sachkompetenz (den Umgang mit Sachthemen), Selbstkompetenz (den Umgang mit sich selbst) und Sozialkompetenz (den Umgang mit anderen auf eine für alle Beteiligten konstruktive Weise) gleichzeitig in einem ausgewogenen Verhältnis zu entwickeln.

Die folgenden – von **F. SEDLAK** formulierten – **sieben Dimensionen zur Förderung der sozialen Entwicklung** beinhalten wichtige Schlüsselqualifikationen im persönlichen und sozialen Bereich. Sie können für Eltern Anregung sein, sich über ihre **Ziele für die Persönlichkeitsentwicklung** ihrer Kinder klar zu werden:

1. ZUM ICH ERZIEHEN! – PÄDAGOGIK DER POSITIVEN SELBSTATTRIBUTION.
   Selbstbestimmung, Zutrauen zu sich selbst, Kenntnis der eigenen Möglichkeiten und Grenzen sind wichtige Grundlagen für psychische Stabilität, Beziehungsfähigkeit und Leistungsbereitschaft.
2. ZUM DU ERZIEHEN! – PÄDAGOGIK DES DIALOGS.
   Sich jemand anderen mitteilen zu können, vertrauen zu können, auf jemanden „zugehen“ zu können, von anderen Hilfe annehmen zu können, Fragen stellen zu können ist wichtiger Bestandteil der persönlichen Entwicklung und Entlastung in persönlich schwierigen Lebenssituationen sowie Notwendigkeit in allen Bereichen des Berufslebens.

3. ZUM WIR ERZIEHEN! – PÄDAGOGIK DER SOLIDARITÄT.
   Das Einfügen in eine Gemeinschaft, die Übernahme bzw. Realisierung von Rechten und Pflichten stellt Grundlage für beglückende menschliche Gemeinschaftserlebnisse dar und ist Voraussetzung für das Funktionieren von Teamarbeit.
4. ZUR ECHTHEIT ERZIEHEN! – PÄDAGOGIK DER AUTHENTIZITÄT.
   Menschen, die echt und ehrlich sind, wird von anderen vetraut. Gegenseitiges Vertrauen ist Grundlage jeder Gemeinschaft. Echtheit und Ehrlichkeit zahlen sich auch im Berufsleben - entgegen vielfach allgemeiner anders lautender Meinung - auf lange Sicht aus
5. ZUR WERTSCHÄTZUNG ERZIEHEN! – PÄDAGOGIK DES ÖKOLOGISCHEN BEWUSSTSEINS.
   Wertschätzung, Akzeptanz, Toleranz gegenüber anderen und Ehrfurcht vor allem Lebendigen ist die Grundlage für Koexistenz in allen Bereichen des menschlichen Lebens
6. ZUM VERSTEHEN UND EINFÜHLEN ERZIEHEN! – PÄDAGOGIK DER EMPATHIE UND DER PERSPEKTIVENFLEXIBILITÄT.
   „Zuhören können“ als Basis zum Verständnis und zur Einfühlung in andere ist wichtige Voraussetzung für privates und berufliches Zusammenleben.
7. ZUR INNEREN BALANCE UND ZUR SINNORIENTIERUNG ERZIEHEN – PÄDAGOGIK DER HOMÖOSTASE UND DER INTENTIONALITÄT.
   Wertbewusstsein und Sinnorientierung sind sowohl Basis als auch Antriebskraft für ein erfülltes Leben auch im beruflichen Bereich.

Chance für Beraterinnen und Berater:
Mit den Eltern über deren Erziehungsziele sprechen und dabei die sieben Perspektiven in ihre Überlegungen zur „richtigen“ Bildungsentscheidung miteinbeziehen!

3. Die Wahl der Schule im Hinblick auf die Art der Wissensvermittlung und Persönlichkeitsbildung gemeinsam überlegen!

Wissensvermittlung und die Wahrnehmung von Erziehungsaufgaben ist und war immer schon eine **untrennbare Ganzheit im schulischen Geschehen.** Dies gilt in besonderem Ausmaß natürlich für die Volksschule, aber auch für alle weiterführenden Schulen. Ohne Wahrnehmung der Erziehungsaufgabe ist Wissensvermittlung nur beschränkt wirksam. Lehrerinnen und Lehrer lehren nicht nur, sie erziehen auch. Schülerinnen und Schüler werden durch Art und Inhalt des Unterrichts, durch die Dynamik innerhalb der Klasse (soziale Bezüge, Konflikte, Klassennormen) und durch Persönlichkeit, Einstellungen und Werthaltungen der unterrichtenden Lehrerinnen und Lehrer wesentlich in ihrer Entwicklung beeinflusst.

Ob eine bestimmte **Schultypwahl** bestimmte **persönliche Entwicklungsziele besonders fördert,** muss genau überlegt werden. Diese Abschätzung ist im konkreten Fall meist nur sehr schwer zu treffen und **beruht oft auch auf zufälligen Einzelmeinungen oder Einzelerfahrungen.** Bei der Übertragung auf die eigene Situation sollte man **sehr vorsichtig und kritisch** vorgehen. Auf jeden Fall sollte man sich darum bemühen, immer mehrere Meinungen zu hören.

Die Eltern sollten i**mmer die Besonderheit des Kindes im Auge haben:** Ein und dieselbe Schule kann für das eine Kind „gut" für das andere aber „schlecht" sein. Auszugehen ist daher vom speziellen Entwicklungsstand des Kindes, von seinen persönlichen Bedürfnissen und gegebenenfalls von Schwierigkeiten oder Defiziten.

Wenn keine besonderen Entwicklungsprobleme berücksichtigt werden müssen, sollten sich Eltern die **Schule gemeinsam mit den Kindern nach deren Neigungen und Begabungen aussuchen**.

Da dies erst dann möglich ist, wenn die Kinder das entsprechende Alter erreicht haben bzw. in der Schullaufbahn entsprechend weit vorangekommen sind, kann eine **langfristig festgelegte individuelle Bildungsplanung sehr oft an den Bedürfnissen der Kinder vorbei** gehen und für eine kontinuierliche Persönlichkeitsentwicklung kontraproduktiv sein.

Manchmal führen derartige **Fehlplanungen und daraus resultierende Fehlentwicklungen** zu kaum wieder gut zu machenden Schäden für das gesamte Leben des Kindes. In vielen Fällen setzt sich aber die Persönlichkeitsentwicklung des Kindes – meist unter Umwegen und mehrfacher Kraftanstrengung – schließlich doch durch. Dazu ein Beispiel:

Franzis Vater war ein Fleischer mit Leib und Seele. Es war für ihn von Anfang an klar, dass sein einziger Sohn einmal auch Fleischer werden und den Familienbetrieb weiterführen soll. Er plante daher für ihn langfristig eine dementsprechende Ausbildung. Doch schon im Volksschulalter – der Vater hatte für ihn eine private Volksschule ausgewählt – wurde deutlich, dass Franzi zwar ein guter Schüler, aber auch ein sehr sensibles Kind war und sehr darunter litt, wenn er bei Tierschlachtungen zusehen oder gar mithelfen musste. Der Vater war sehr enttäuscht über die offensichtlich anders als für ihn erhofft verlaufende Entwicklung seines Kindes. Da er noch immer an dem Plan festhielt, dass sein Kind einmal den Familienbetrieb weiterführen soll, schickte er Franzi nach der AHS-Unterstufe in eine Handelsakademie. Franzi war nach wie vor ein guter Schüler, erfüllte alle schulischen Verpflichtungen, bekam ganz passable Noten, war aber in der Schule nicht glücklich. Sooft es nur ging, beschäftigte er sich mit Musik und Lesen. Seine Mutter unterstützte ihn dabei gegen den Willen des Vaters und ermöglichte es ihm, privat Musikunterricht zu nehmen. Nach der Matura studierte er Musik und wurde Musiker.

Chance für Beraterinnen und Berater:
Gespräche mit den Eltern helfen, dass diese zwischen ihren Wünschen und Zielen und denen des Kindes unterscheiden können!

4. Auf die Notwendigkeit fortwährender Lernbereitschaft hinweisen!

In der **zukünftigen Berufswelt** wird die **Notwendigkeit ständiger Weiterbildung in allen Bereichen mit Sicherheit noch deutlich zunehmen**. Ob Erwachsene bereit sind, Weiterbildungsangebote zu nutzen, hängt neben den für sie zu erwartenden direkten beruflichen Vorteilen vor allem von ihrer jeweiligen **Lernbereitschaft** ab. Diese wird bereits in der frühen Kindheit grundgelegt und erfährt ihre spezifische Ausprägung vorwiegend durch die Erfahrungen beim schulischen Lernen.

Die Lernbereitschaft ist als noch grundlegender als die Lernfähigkeit anzusehen. Das **Lehrziel „Förderung und Stützung der Lern- und Leistungsbereitschaft" während der schulischen Erstausbildung** ist im Hinblick auf lebenslanges Lernen vorrangig.

Ist Lernbereitschaft gegeben, so sollte die **Entwicklung eines persönlichen Lernstils** nicht allzu schwer fallen. Aufgabe der Schule ist es, diese Entwicklung zu unterstützen (z. B. durch die Vermittlung von Lerntechniken). Auch entsprechende Broschüren können hier Anstöße geben (z. B. die von der Schulpsychologie-Bildungsberatung erstellte Broschüre „Lerne gerne!").

Das Herstellen von physiologischer Lernbereitschaft (der Bereitschaft des Körpers für das Lernen) kann innerhalb der durch den Gesundheitszustand gegebenen Grenzen trainiert werden (z. B. durch Entspannungsübungen).

Die **Entstehung der psychologischen Lern- und Leistungsbereitschaft ist in einen Kreislauf eingeschlossen,** in dessen Ablauf es oft schwer möglich ist zu bestimmen, welche Komponente Ursache und welche Wirkung ist. Einerseits ist die Lernbereitschaft (das „Wollen") Voraussetzung dafür, dass sich das Kind einer Leistungssituation zuwendet („etwas tut"). Andererseits ist sie auch Folge der Ergebnisse von Leistungssituationen: Erfolg (positive

Verstärkung) erhöht die Lernbereitschaft, Misserfolg (negative Verstärkung) wirkt dämpfend. Vielfältige Mechanismen wirken hier mit, einige mit – aus schulpsychologischer Erfahrung – besonderer Relevanz seien hier angeführt:

- Das **wiederholte Erleben von Erfolg führt zu Erwartung von Erfolg** bei neuen Aufgaben (Erfolgsorientierte), das wiederholte Erleben von Misserfolg führt vermehrt zur Erwartung von Misserfolg (Misserfolgsorientierte).
- Die **Erwartung eines Erfolges wirkt beflügelnd,** die Erwartung eines Misserfolges wirkt lähmend.
- Wird einem **Leistungsergebnis von wichtigen Bezugspersonen (Eltern) sehr große Bedeutung beigemessen** (was z. B. auch durch überschwängliches Lob dokumentiert wird), so stellt der Beurteilte einen **Zusammenhang** her **zwischen Leistungsergebnis und Wert seiner Person** bzw. Wertschätzung durch die Bezugsperson.
- **Misserfolgsorientierte** (Kinder, die sich einen Misserfolg erwarten) schreiben einen Erfolg eher äußeren Faktoren (Glück, leichte Aufgaben), einen Misserfolg inneren Faktoren (Unfähigkeit) zu. Bei **Erfolgsorientierten** (Kinder, die sich einen Erfolg erwarten) ist das genau umgekehrt: Sie führen Erfolg auf innere Faktoren (Fähigkeit) und Misserfolg auf äußere Faktoren (Zufall) zurück.
- **Misserfolgsorientierte vermeiden oft die Anstrengung** aus der Erfahrung heraus, dass auch dann kein Erfolg möglich ist, wenn sie sich anstrengen, und sie somit ihren Misserfolg nur auf mangelnde Begabung zurückführen können. Dies ist belastender für das Selbstwertgefühl als die Ausrede, man sei eben nur zu faul gewesen. Eltern müssen darauf achten, dass sie nicht weiter die Verbindung „schlechtes Leistungsergebnis = geringer Wert als Person“ verstärken und den Misserfolg dramatisieren. Ansatzpunkt ist hier, Anstrengung zu belohnen und die Fixierung auf das Ergebnis (die Note) zu lösen.

Chance für Beraterinnen und Berater:
Eltern für die Zusammenhänge zwischen Leistungsbereitschaft und Erfolgs- bzw. Misserfolgserwartung sensibilisieren! Vor einer Koppelung „schlechte Note = geringer Wert als Person“ warnen!

5. Orientierungshinweise für die Entscheidung „Mehr Allgemeinbildung oder mehr Berufsbildung“ besprechen!

Im Alter von 14 Jahren stehen Schülerinnen und Schüler sowie deren Eltern bei der Schulwahl oft vor der Entscheidung: **Allgemeinbildung** (z. B. durch

Besuch einer AHS-Oberstufe) oder **Berufs(aus)bildung** (durch Besuch einer berufsbildenden Schule). Dazu folgende Überlegungen, die bei dieser Frage berücksichtigt werden sollten:

Auch Berufsausbildung – besonders in der Zeit der sich noch stark entwickelnden Persönlichkeit zwischen dem 14. und 19.Lebensjahr – enthält, wie der Besuch von allgemeinbildenden Schulen, **starke Elemente von Persönlichkeitsbildung.** Die Wirkungen auf die Persönlichkeitsentwicklung kann gewollt oder auch nicht gewollt sein. Die **strikte Trennung zwischen allgemeinbildenden und berufsbildenden Schulen,** wie sie in Österreich derzeit existiert, wird in letzter Zeit von Bildungsexperten immer mehr **in Frage gestellt,** die traditionell starke Demarkationslinie zwischen Allgemeinbildung und Berufsbildung beginnt sich europaweit abzuschwächen. Die Tendenz geht zu mehr Allgemeinbildung in den berufsbildenden Schulen (z. B. Sprachen) und mehr Berufsrelevanz in den allgemeinbildenden Schulen (z. B. wirtschaftliche Kenntnisse).

Die **österreichische berufsbildende höhere Schule** vermittelt gleichzeitig eine **fachlich-theoretische, fachlich-praktische und allgemeinbildende Ausbildung** auf hohem Niveau, was hohe Anforderungen an die Schülerinnen und Schüler stellt. Die berufsbildende höhere Schule ist trotzdem der am raschesten wachsende Sektor des österreichischen Bildungswesens. In vielen Industrieländern liegt das Schwergewicht der Erstausbildung – anders als in Österreich – bei allgemeinbildenden Schulen.

Mit **früher Berufsausbildung** sind **einige Probleme** verbunden, die zu bedenken sind. Die berufliche Realität ist heute gekennzeichnet durch mehrfachen Berufswechsel, ausbildungsfremde Arbeit und tief greifende Anforderungsveränderungen im „gelernten Beruf". Ebenso ist die nahtlose und eindeutige Zuordnung von Ausbildung und Berufstätigkeit immer seltener möglich. Die durch die Erstausbildung erworbenen Qualifikationen reichen nicht für das ganze Berufsleben, lebenslanges Lernen und Umlernen wird Realität. Der „Beruf fürs Leben" ist die Ausnahme, nicht mehr die Regel.

Daher wird es in Zukunft in der **Berufsausbildung vermehrt um die Unterstützung folgender Fähigkeiten** gehen:

- Breites Grundwissen
- Offenheit für neue Situationen
- Fähigkeit, neues Wissen und neue Erfahrungen schnell auf ihre Wichtigkeit überprüfen, einordnen und verfügbar machen zu können
- Verständnis für Entwicklungen und ihre Gesetzmäßigkeiten
- Ich-Stärke und Selbstvertrauen
- Flexibilität bzw. Autonomie gegenüber dem einmal erlernten Beruf (d.h. verschiedene Anwendungen des erlernten Wissens und Könnens, z. B. auch in ganz neuen Bereichen zu finden)

Für die **Entscheidung des Bildungsweges nach der 8. Schulstufe** ist aus schulpsychologischer Sicht auch noch Folgendes zu beachten:

- Die notwendigen **spezifischen begabungsmäßigen Voraussetzungen** müssen für den Besuch jeder weiterführenden Schule vorhanden sein (Kinder nicht überfordern!)
- Eine p**rinzipiell positive Einstellung zur Schule an sich** ist für den Besuch jeder weiterführenden Schule Voraussetzung.
- Die **Bereitschaft zum geforderten Arbeitseinsatz** (in HTLs bis zu 40 Wochenstunden Unterricht) muss vorhanden sein.
- Dem Beginn einer Berufsausbildung (Lehre oder Schule) muss eine **intensive Auseinandersetzung mit den eigenen Neigungen und Möglichkeiten** vorangehen. Der Schüler bzw. die Schülerin muss von sich aus zu einer Entscheidung kommen, von Eltern auf Grund einseitiger – z. B. nur an den vermeintlichen Berufsaussichten orientierter – Überlegungen massiv „vorgeschlagene" Bildungsmöglichkeiten führen oft zu Fehlentscheidungen und daraus resultierenden Schulabbrüchen.
- Es ist nicht empfehlenswert, nach der Hauptschule einfach irgendeine berufsbildende Schule zu besuchen, die den Interessen und Fähigkeiten nicht entspricht. Ein derartiges „Absitzen" des neunten Pflichtschuljahres bringt für die weitere Entwicklung des Jugendlichen nichts. Die Polytechnische Schule – oft zu Unrecht „in Verruf" geraten – kann wesentlich mehr zur Orientierungsfunktion beitragen!
- Orientierungshilfen werden auch direkt in der Schule geboten: An jeder Hauptschule, Sonderschule, allgemeinbildender höherer sowie berufsbildender mittlerer und höherer Schule steht ein eigens dafür qualifizierter Lehrer bzw. eine Lehrerin (der/die **Schüler- oder Bildungsberater(in))** den Schüler(inne)n und deren Eltern für diese Fragen zur Verfügung (siehe Kapitel „Die Schüler- und Bildungsberatung" in dieser Broschüre). Die Entscheidungsvorbereitung wird auch durch die **verbindliche Übung „Berufsorientierung"** in der 7. und 8. Schulstufe unterstützt. An manchen Schulen gibt es zusätzlich dazu noch eine unverbindliche Übung.

Zusätzlicher Hinweis für Eltern:

Wenn Sie sich Sorgen machen, weil Ihr Kind unter schulischen Belastungen leidet, keinerlei Motivation und Leistungsbereitschaft zeigt oder sich scheinbar für nichts interessiert, suchen Sie das Gespräch mit der Lehrerin bzw. dem Lehrer! Bei anhaltenden Problemen wenden Sie sich auch an die Schülerberaterin bzw. den Schülerberater oder – wenn Sie fachpsychologische Hilfe benötigen – direkt an die zuständige schulpsychologische Beratungsstelle!

Chance für Beraterinnen und Berater:
Schülerinnen und Schüler sowie deren Eltern über die Funktionen von Allgemeinbildung und Berufsausbildung informieren. Sie darauf vorbereiten, dass sich eine allzu enge Vorstellung vom „Beruf für das Leben" wohl kaum erfüllen wird!

6. Die Balance zwischen „Planen" und „Offen sein", „Lenken" und „Gewähren lassen" beachten!

Inwieweit soll man den Bildungsweg eines Kindes überhaupt planen? Muss man nicht in erster Linie einfach dafür offen sein, wohin sich das Kind entwickelt? Und wenn planen, für wie lange im Voraus?
Diese Fragen beschäftigen viele engagierte Eltern und die eigenen **Antworten** darauf sind wohl sehr **stark abhängig von der eigenen Lebensgeschichte, von eigenen Persönlichkeitseigenschaften**: Es gibt Menschen, die alles im Leben genau planen, kein Risiko eingehen, die Zukunft abschätzen und keine großen Überraschungen erleben wollen. Es gibt aber auch Menschen, die am liebsten einfach in den Tag hinein leben und die Zukunft einfach auf sich zukommen lassen wollen. Eltern sollten sich ihre **diesbezüglichen Eigenschaften bewusst machen**, wenn es darum geht, die Bildungsorientierung, Bildungsplanung und Bildungsentscheidung ihrer Kinder mitzuverantworten. Denn manchmal wird es im Sinne der positiven Entwicklung des Kindes notwendig sein, **„über seinen eigenen Schatten zu springen"**, sich bewusst von den eigenen sonstigen Gepflogenheiten betreffend Planen zu lösen. Einige Punkte, die dazu beachtet werden sollten:

- **Erster Ausgangspunkt jeder individuellen Bildungsplanung** muss das **Kind** sein, seine Persönlichkeit mit Stärken, Schwächen und Neigungen.
- Planung kann nur erfolgen, wenn die **Planungsgrundlagen** vorhanden sind. Einerseits muss einigermaßen **Klarheit über Bedürfnisse, Interessen und Begabungen** des Kindes vorliegen, andererseits auch **Klarheit über das Ziel**. Ist das Ziel noch weit weg und zu sehr und einseitig ausgerichtet an vermeintlichen **„Berufen mit Zukunft"** besteht die **Gefahr eines Irrtums**. Dass solche Irrtümer in der Einschätzung von „Berufen mit Zukunft" immer wieder vorkommen, hat die Vergangenheit gezeigt.
- Die frühe Beschäftigung mit Stärken, Schwächen und Neigungen eines Kindes ist aber sicher positiv. Zur **Förderung von Interessen und Begabungen** ist es notwendig, dem Kind immer wieder **Angebote** zu machen, aber **nicht zu etwas zu zwingen**.
- Dem Übergang in eine andere Schule sollte stets eine lange **Erkundungsphase** vorausgehen, in der die **Beschäftigung mit verschiedenen Möglichkeiten** und Szenarien erfolgt.

- Das **Kind als Hauptbetroffener** sollte immer im Mittelpunkt sein, lernen, wie man in komplexen Situationen für sich **Entscheidungen treffen** kann und zur schließlich **zu treffenden Entscheidung stehen** können.

Die **ständige Beobachtung der Entwicklung des Kindes** und die **ständige Beschäftigung mit den sich für das Kind in Zukunft ergebenden Möglichkeiten** ist wichtig, **Entscheidungen** sollten **erst dann** getroffen werden, wenn die Grundlagen dafür da sind bzw. **wenn die Zeit dafür reif ist**.

Chance für Beraterinnen und Berater:
Den Eltern dabei helfen, für sich eine förderliche Rolle im Entscheidungsprozess für die Schullaufbahnwahl der Kinder zu finden: Eltern, die gewohnt sind zu planen und zu lenken sollten versuchen, sich selbst mehr zurückzunehmen und den Kindern mehr Eigenkompetenz und Zeit für die Entscheidung zugestehen. Eltern, die gewohnt sind, die Dinge „treiben zu lassen", sollten aktiver ihre Verantwortung wahrnehmen!

7. Die wichtigsten Planungsgrundlagen erklären!

Das Ziel, das wohl alle Eltern anstreben, die sich Gedanken bzw. Sorgen um die weitere Bildungslaufbahn ihres Kindes machen, ist, dass ihr Kind einmal **einen Platz im Leben** findet, der es zufrieden macht

Berufszufriedenheit hängt je nach persönlicher Gewichtung und Wertvorstellung ab von Erfolgen, Freude an der Tätigkeit, Bezahlung, sozialem Prestige und Lebensbedingungen, die mit der Ausübung des Berufes verknüpft sind.

Erfolg – als allgemein am häufigsten genanntes Kriterium für Berufszufriedenheit – stellt sich am ehesten bei jenen **Tätigkeiten** ein, die **im Einklang mit individuellen Fähigkeiten und Interessen** stehen, bei denen man es „am weitesten bringen" kann.

Wichtig für die individuelle Bildungsplanung ist daher die Kenntnis und Förderung von individuellen Fähigkeiten und Interessen, die **Förderung der Entwicklung einer eigenen unverwechselbaren Persönlichkeit**. Daher ist vor jeder Entscheidung über den Eintritt in einen neuen Bildungsabschnitt zu fragen: **„Was bringt mich (das Kind) am meisten weiter auf diesem Weg?"**

Die **Entscheidung** für eine bestimmte Schule sollte daher **möglichst ganzheitlich** fallen, unter Einbeziehung vieler verschiedener Gesichtspunkte, auch unter Berücksichtigung der ganz persönlichen Wirkung der Atmosphäre bei Eintritt in das Schulgebäude.

Die zu berücksichtigenden Gesichtspunkte sind z. B.:

- Interessen
- Fähigkeiten
- Berufswünsche
- Berufliche Realität (Aufstiegsmöglichkeiten, Bezahlung, Arbeitsbedingungen)
- Allgemeine bisherige schulische Leistungsfähigkeit
- Örtliche Bedingungen
- Familiensituation (Klärung der unterschiedlichen Wünsche und Erwartungen, Trennungsprobleme)
- Schul-, Wohn- bzw. Arbeitsklima in der zukünftigen Ausbildungsstätte.

Die Berücksichtigung mehrerer unterschiedlicher Entscheidungsgrundlagen ist immer besser als eine einseitige Orientierung!

> **Chance für Beraterinnen und Berater:**
> Die Schülerinnen und Schüler sowie deren Eltern ermutigen, ihre Entscheidung „mehrdimensional" zu treffen. Auch ganz persönliche Beweggründe (z. B. Freundschaften des Kindes, Sorgen der Eltern) wichtig nehmen

8. Schulprofile und Schulqualität in die Entscheidungsfindung miteinbeziehen!

Im Zuge der wachsenden Schulautonomie und der zurückgehenden Anzahl von Kindern, die in manchen Bereichen zur „Anwerbung von Schülern" und zur Konkurrenz zwischen Schulen führt, versuchen einzelne **Schulstandorte eigene Profile** zu entwickeln. In vielen europäischen Ländern und auch zunehmend in Österreich sind Eltern nicht mehr bereit, die ihrem Wohnsitz nächstgelegene Schule fraglos zu akzeptieren. Zeitschriften erstellen **„Rankings"**, wonach Schulen nach verschiedenen Kriterien hinsichtlich ihrer Qualität gereiht werden. Obwohl Methoden und Ergebnisse solcher Beurteilungen oft sehr fragwürdig sind, ist die Grundidee, nämlich **bei Auswahl einer Schule unterschiedliche qualitative Kriterien miteinzubeziehen,** gut.

Die **Beurteilung der Qualität einer Schule** kann aber **nicht unabhängig vom Kind** gesehen werden. Das deklarierte pädagogische Selbstverständnis muss zur elterlichen Erziehung passen. Der **Schulweg sollte zumutbar** sein, die **sozialen Bezüge am Wohnort** sollten berücksichtigt werden.

Daher: Sich für Schulprofile und Schulqualität interessieren, aber die sonstige **Lebensrealität des Kindes bzw. seine „Verwurzelungen" mit be-**

rücksichtigen. In vielen Fällen wird wohl doch die nächstgelegene Schule bei 6–14jährigen die für die Gesamtentwicklung des Kindes förderlichste sein.

> **Chance für Beraterinnen und Berater:**
> Eltern davor warnen, sich von der Wahl der „richtigen" Schule die Lösung aller Probleme und Erfüllung aller auf das Kind bezogenen Wünsche zu erwarten! Ihnen dabei helfen, für sich und das Kind Wertigkeiten zu finden und Prioritäten zu bestimmen!

9. Informationen richtig bewerten und Entscheidungen treffen!

Das Einholen von Informationen ist Voraussetzung zum Treffen von Entscheidungen. Auch im Falle der individuellen Bildungsplanung ist es im Sinne der umfassenden Persönlichkeitsentwicklung des Kindes wichtig, **vielfältige Planungsgrundlagen** zu schaffen bzw. zu erheben. Verschiedentlich wird in der bildungspolitischen Diskussion die Ansicht vertreten, die Unsicherheit der Schüler(innen) und Eltern bei der Berufs- und Bildungsentscheidung könnte durch vermehrte Information über Ausbildungsmöglichkeiten und Berufsanforderungen immer mehr verringert werden. Dieser vermutete Zusammenhang ist, wie die Praxis vieler Beratungsgespräche zeigt, unrichtig.

Die **Unsicherheit vieler Eltern und Kinder resultiert nur im geringen Ausmaß aus tatsächlicher Uninformiertheit**. Oft wird ein gegenteiliger Effekt sichtbar: Durch die verschiedenen, manchmal widersprechenden Informationen über Berufsaussichten, „Berufe mit und ohne Zukunft", zukünftigen Anforderungen des Arbeitsmarktes, Werbeprospekte von Schulen, Meinungen von Bekannten werden Eltern und Kinder überhäuft und verunsichert. Sie fühlen sich **trotz der vielen Informationen subjektiv als unterinformiert,** weil sie die **widersprechenden Aussagen nicht bewerten und für sich ordnen können.**

Hilfe bei der Einordnung und Bewertung einer Information (z. B. Prospekt; Meinung, Erfahrung, Rat eines Bekannten; Zeitungsmeldung; Fernsehsendung; Vortrag ...) für die individuelle Bildungsplanung kann folgendes Schema bieten:

1. Was sind die langfristigen Ziele für die Persönlichkeitsentwicklung? Hat diese Information darauf irgend einen Einfluss?
2. Ändert diese Information etwas am Bild des angestrebten Ausbildungszieles bzw. Berufsfeldes?

3. Ändert diese Information etwas am Bild über die Fähigkeiten und Interessen des Kindes?
4. Ändert diese Information etwas am Bild des Schul-, Wohn- bzw. Arbeitsklimas der zukünftigen Ausbildungsstätte?
5. Ändert diese Information voraussichtlich etwas an den Lebensbedingungen während der Ausbildungszeit (z. B. Freizeit, Fahrtzeit, soziale Bezüge, familiäre Trennung)?
6. Ändert diese Information etwas an der Einschätzung der kommenden (schulischen) Belastungen? Wird die Ausbildung voraussichtlich schwerer, als ursprünglich erwartet?
7. Ändert diese Information etwas an der Einschätzung der Chance, in die Ausbildung aufgenommen zu werden?

Wenn die Berücksichtigung einer Information sehr bedeutsame Konsequenzen hätte (d. h. in einem dieser Bereiche starke Veränderungen bewirkt), **sollte sie überprüft** (z. B. durch Einholen zusätzlicher Erfahrungen und Meinungen) und hinsichtlich der Auswirkungen auf die Gesamtsichtweise untersucht **werden.** Bringt eine Information nichts Neues, sondern formuliert sie nur Bekanntes erneut oder auf drastischere Weise, wird sich die Gesamtsichtweise wahrscheinlich nicht ändern müssen.

Chance für Beraterinnen und Berater:
Helfen Sie den Schülerinnen und Schülern sowie deren Eltern bei der Bewertung und Überprüfung von Informationen!

10. Auf Beratungsmöglichkeiten in der Schule hinweisen!
Die Institution Schule stellt Schülerinnen und Schülern sowie deren Eltern folgende Hilfen für die individuelle Bildungsorientierung und Bildungsplanung zur Verfügung:

1. Die **Unterstützung der persönlichen Entwicklung**, der Entwicklung der persönlichen Eigenart, von Interessen und Fähigkeiten ist eine **allgemeine Aufgabe des Unterrichts** und dies während der gesamten Schulzeit.
2. Vor speziellen, besonders sensiblen Übergangsphasen (z. B. 7. und 8. Schulstufe) wird im Rahmen des Unterrichts – entweder als eigenes Fach oder integriert in die anderen Unterrichtsgegenstände – die **verbindliche Übung Berufsorientierung** durchgeführt. Diese gibt spezielle

Hilfen zur Unterstützung der Entwicklung der Berufswahlreife, zur Klärung der eigenen Erwartungen an das Berufsleben sowie zum Erkennen der eigenen Interessen und Fähigkeiten.

3. **Schüler- und Bildungsberater(innen)** bieten allen Schüler(inne)n und deren Eltern individuelle Beratungen an. Sie tragen zur gemeinsamen Klärung von persönlichen Voraussetzungen für die Bildungswahl bei, geben konkrete Bildungsvorschläge, besprechen deren Vor- und Nachteile für die Ratsuchenden und regen zu weiterer Informationssuche sowie zur Beschäftigung mit bestimmten Ausbildungsmöglichkeiten an.
4. Wenn besonders große Unsicherheit besteht, bisher noch keine Anhaltspunkte für die Bildungswahl gefunden werden konnten und/oder Konflikte in der Familie darüber sichtbar werden, **stehen die Schulpsychologinnen und Schulpsychologen** für professionelle psychologische Beratung und Diagnostik zur Verfügung. Sie verfügen über besondere Kompetenz im Gespräch und im Umgang mit verdeckten bzw. tiefer gehenden Problemen und Konflikten und setzen unterstützend wissenschaftliche Methoden (Tests) zur Befunderhebung ein.

Zusätzlich zu den Angeboten im Schulbereich besteht in **Berufsinformationszentren** des Arbeitsmarktservices und der Wirtschaftskammer die Möglichkeit, sich über Berufe zu informieren und beraten zu lassen.

Chance für Beraterinnen und Berater:
Kooperation mit den einschlägigen Institutionen! Insbesondere regionale Modelle der Zusammenarbeit!

Es ist empfehlenswert, Beratungsangebote zu nützen und vielfältige Informationen einzuholen. Bei allen Bildungsentscheidungen und -planungen sollte aber das Kind bzw. der/die Jugendliche und seine/ihre persönliche Entwicklung im Mittelpunkt stehen. Und die Verantwortung dafür haben zum überwiegenden Teil die Eltern. **Bildungsplanung – verstanden als ständige Beschäftigung mit der Entwicklung des Kindes und seinen Möglichkeiten** und nicht als langfristige Festlegung von fremdgesteckten Zielen – ist **unerlässlich für eine gesamtheitliche Persönlichkeitsentwicklung** unserer Kinder.

11. Den Prozess der Entscheidungsfindung bewusst machen!

Beginnend mit dem Schuleintritt im Alter von sechs Jahren stehen Schülerinnen und Schüler sowie deren Eltern etwa alle vier bis fünf Jahre vor der Situation, Entscheidungen über den weiteren Bildungsweg treffen zu müssen: Nach Beendigung der Volksschule geht es um die Frage, ob eine Hauptschule oder eine AHS bzw. auch welcher Schulstandort vermutlich am geeignetsten für die weitere Entwicklung des Kindes sein wird. Nach der Hauptschule bzw. der AHS-Unterstufe ist eine Entscheidung darüber zu treffen, ob die weitere Ausbildung mehr berufsspezifisch oder mehr allgemein, mehr theoretisch oder mehr praktisch sein sollte und welche speziellen Interessen und Begabungen im Hinblick auf das Berufsleben besonders gefördert werden sollten. Nach Beendigung der Schulausbildung, insbesonders nach einer AHS-Matura, stellt sich eventuell auch die Frage nach der Studienwahl.

Die im Folgenden beschriebenen **vier Phasen** sind geeignet, bei allen diesen Situationen Orientierung ermöglichen und eine ganzheitliche Entscheidung unterstützen zu können:

Phase 1 – Die selbstständige Entscheidung vorbereiten

Entscheidungen, die einen selbst betreffen, sollte man auch selbst treffen. Dies gilt natürlich auch für Kinder und Jugendliche, die über ihre weitere Schullaufbahn (mit)entscheiden sollen.
Wahr ist aber auch, dass man sich selbst nie ganz kennt. Erst durch andere, die mit uns leben und uns erleben, können auch wir uns besser kennen lernen. Eigene Entscheidungen sind oft leichter zu treffen, wenn wir uns anderen anvertrauen, wenn wir bereit sind, Hilfe anzunehmen

Eltern, die ihren Kindern **bei Entscheidungen helfen** wollen
- leben ihren Kindern immer wieder vor und machen ihnen transparent, wie sie selbst zu Entscheidungen kommen;
- beziehen ihre Kinder in altersgemäßer Form ein, wenn es um eigene oder die Familie betreffende Entscheidungen geht;
- zeigen ihren Kindern immer wieder, dass sie sie mit allen ihren Problemen ernst nehmen und ihnen zuhören;
- überreden nicht, sondern ermutigen ihre Kinder, selbst Verantwortung zu übernehmen;
- lassen ihre Kinder öfters (in alltäglichen Situationen) allein Entscheidungen treffen;
- vermitteln ihren Kindern, dass sie ihnen zutrauen, für sich selbst Entscheidungen treffen zu können.

Phase 2 – Die eigenen Wünsche und Möglichkeiten bestimmen

Vor der Beschäftigung mit bestimmten Ausbildungsmöglichkeiten geht es für Schülerinnen und Schüler darum, sich **auf sich selbst zu besinnen**: Was sind meine Stärken und was sind meine Schwächen? Welche Interessen und Begabungen habe ich? In welcher Lebenssituation bin ich, welche Veränderungen sind vorstellbar, welche nicht (z. B. Schulbesuch mit Internat – ja oder nein)?

Für **Eltern** ist es hier auch wichtig, sich über die **eigenen das Kind betreffenden Wünsche und Ängste klar zu werden**: Welchen Einfluss haben meine Erfahrungen, Erfolge und Enttäuschungen im (Berufs-)Leben auf das, was ich mir für mein Kind wünsche? Inwieweit gelingt es mir, mein Kind als eigene Person zu sehen, das vielleicht neue, ganz andere Erfahrungen im Leben machen wird als ich?

Ziel dieser Phase wäre, ein **persönliches Wunschprofil für die Weiterbildung** zu entwickeln, auch wenn es die „ideale Schule" nicht gibt.

Bei der Klärung der eigenen Interessen und Begabungen können Schülerinnen und Schülern außer den Eltern auch noch Lehrerinnen und Lehrer, vor allem die **Schüler- und Bildungsberater/innen** behilflich sein. Diese verfügen vielfach auch über Hilfsmittel zur Interessenserkundung (z. B. Fragebögen). Bei großer Unsicherheit über die eigenen Fähigkeiten und Interessen ist es auch möglich, sich an die zuständige **schulpsychologische Beratungsstelle** (Adressen siehe Kapitel Schulpsychologie-Bildungsberatung in dieser Broschüre) zu wenden. Dort werden ausgehend von Interessens- und Begabungsfeststellungen auch psychologische Beratungsgespräche angeboten. Auch in **Berufsinformationszentren** des Arbeitsmarktservices und der Wirtschaftskammern werden oft diesbezügliche Hilfen – vor allem im Hiblick auf die Berufswahl – angeboten.

Die **verbindliche Übung „Berufsorientierung"** (in der 7. und 8. Schulstufe) gibt Schülerinnen und Schülern zusätzlich Impulse zur Selbsterkundung und vermittelt ihnen einen Eindruck von der Arbeitswelt.

Phase 3 – Lösungsmöglichkeiten finden

In dieser Phase geht es darum, **Ausbildungsmöglichkeiten** zu finden, auf die das in Phase 2 erarbeitete **Anforderungsprofil möglichst gut zutrifft**. Es ist ratsam, **nach mehreren Alternativen zu suchen** und sich nicht sofort auf eine bestimmte Schule bzw. Schulform festzulegen.

Die **Schüler- und Bildungsberater/innen,** die **Schulservicestellen** sowie einschlägige Beratungsstellen (z. B. **Schulpsychologie-Bildungsberatung, Arbeitsmarktservice, Wirtschaftskammer**) bieten hier Hilfe an (Adressen sind in dieser Broschüre enthalten).

Anhand dieser Broschüre (siehe **Tabellen zu Interessensgebieten und Schulformen**) können sich Schülerinnen und Schüler mit ihren Eltern selbst Vorschläge für „maßgeschneiderte" Schulformen erarbeiten. Und das in einer Art und Weise, die bisher nur Schülerberaterinnen und Schülerberatern sowie den schulpsychologischen Beratungsstellen durch Benutzung eines speziellen EDV-Programms vorbehalten war.

Phase 4 – Alternativen überprüfen - Entscheidung treffen

Hier erfolgt die **Beschäftigung mit den Alternativen, das Einholen von Informationen**, das **„Hingehen" und „Anschauen"**. Günstig ist es auch, mit (ehemaligen) Schülerinnen und Schülern zu sprechen.
Zu jeder Alternative wird schließlich auf einem Blatt aufgelistet, was dafür und was dagegen spricht. Wenn die Entscheidung sehr schwierig ist, können die Kräfte aus Phase 1 helfen: **Verständnisvolle Gesprächspartner**, die helfen, die eigenen Gedanken zu ordnen.
Manchmal kann es auch notwendig sein, wieder zu Phase 2 oder zu Phase 3 zurückzukehren und sich noch mehr über sich selbst klar zu werden bzw. weitere Alternativen zu suchen.
Schullaufbahnentscheidungen sollten nicht zu spät aber auch nicht zu früh getroffen werden, sondern dann, **wenn die Zeit dafür „reif" ist**. Es ist jedoch darauf Bedacht zu nehmen, dass das „Sich-Orientieren" vor dem „Sich-Entscheiden" kommen muss und wesentlich mehr Zeit in Anspruch nimmt. Daher sollte das „Sich-Orientieren" ein ständiger Bestandteil des gesamten persönlichen Bildungsweges sein.

Chance für Beraterinnen und Berater:
Schülerinnen und Schüler sowie deren Eltern anregen, frühzeitig mit den Vorbereitungen für den Entscheidungsprozess zu beginnen, die Entscheidung selbst aber nicht vorschnell zu treffen!

Welche höhere Schule nach der Hauptschule oder AHS-Unterstufe kommt für mich in Frage?

➔ Dieses Kapitel ist für jede bzw. jeden wichtig, die bzw. der – als gute Schülerin bzw. als guter Schüler mit entsprechender Motivation zum Schulbesuch – nach der **Hauptschule** den Besuch einer höheren Schule in Erwägung zieht.

➔ Wer die **AHS-Unterstufe** besucht, kann in diesem Kapitel Anregungen bekommen, welche Schularten (außer der Oberstufe an der eigenen Schule) noch in Betracht kommen könnten.

Folgende Möglichkeiten werden beschrieben:

- **Die Oberstufe einer Allgemeinbildenden Höheren Schule (AHS)**
- **Die Berufsbildende Höhere Schule**
- **Die Bildungsanstalt für Kindergartenpädagogik bzw. Sozialpädagogik**

Die Oberstufe einer Allgemeinbildenden Höheren Schule (AHS)

Grundsätzliches

Für alle jene, die einmal an einer Universität oder Hochschule studieren möchten, bietet sich eine AHS-Oberstufenform an. Hier wird ein breites Fundament für verschiedene höhere Ausbildungen grundgelegt. Dem Bereich Persönlichkeitsentwicklung wird breiter Raum gewidmet. Eine

Berufsausbildung wird nicht erworben. Die Entscheidung für eine AHS-Oberstufe bedeutet daher oft auch eine Entscheidung für eine längere (über das Ende der Schulzeit hinausreichende) Ausbildungsdauer!

Allgemeine Gliederung der AHS

Die allgemeinbildende höhere Schule besteht aus einer Unterstufe (4 Schuljahre Sekundarstufe I) und einer Oberstufe (4 Schuljahre Sekundarstufe II), sie dauert also 8 Jahre im Anschluss an die 4. Jahrgangsstufe. Die abschließende Reifeprüfung (Matura) berechtigt zum Universitätsstudium.

Die Unterstufe (1.– 4. Klasse) der allgemeinbildenden höheren Schule unterrichtet in den ersten zwei Jahrgangsstufen die gleichen Fächer wie die Hauptschule.

In den Klassen 3 und 4 erfolgt eine Aufgliederung in drei Ausbildungsrichtungen:

- Gymnasium (mit Latein, an der Oberstufe mit Griechisch oder einer zweiten lebenden Fremdsprache),
- Realgymnasium (mit Latein oder einer zweiten lebenden Fremdsprache, dazu Darstellende Geometrie, mehr Mathematik und Naturwissenschaften),
- wirtschaftskundliches Realgymnasium (mit Latein oder einer zweiten lebenden Fremdsprache, auch dazu mehr Chemie, Wirtschaftskunde, Psychologie und Philosophie).

Diese Gliederung bleibt auch in der Oberstufe erhalten. Ergänzend dazu gibt es ab der 9. Schulstufe zusätzlich noch das Oberstufenrealgymnasium (Latein oder eine 2. lebende Fremdsprache, außerdem die Möglichkeit einer kreativen oder naturwissenschaftlichen Schwerpunktsetzung), das von Schülerinnen und Schülern nach der 4.Klasse einer Hauptschule oder AHS besucht werden kann.

Von der 6. bis zur 8. Klasse können die Schülerinnen und Schüler durch die Auswahl von Wahlpflichtfächern eigene Schwerpunkte setzen.

Schüler(innen), die die Unterstufe der AHS absolviert haben, können auch zur Polytechnischen Schule, in berufsbildende mittlere oder höhere Schulen, in die Bildungsanstalt für Sozialpädagogik und in die Bildungsanstalt für Kindergartenpädagogik wechseln. Nach der Unterstufe wechseln ca. 30–40% der Schüler in eine dieser anderen (weiterführenden) Schulen.

Darüber hinaus bestehen verschiedene Spezialformen der AHS, wie z. B. Aufbau- und Aufbaurealgymnasium, Gymnasium und Realgymnasium für Berufstätige, höhere Internatsschule und Werkschulheim, Schulversuchsmodelle.

Eintrittsbedingungen nach der Hauptschule

1. Beurteilung im Jahreszeugnis der 4.Klasse in Deutsch, Mathematik und Englisch:
   - 1. Leistungsgruppe und positiv beurteilt
     oder
   - 2. Leistungsgruppe und mindestens „Sehr Gut" oder „Gut"
     oder
   - 2. Leistungsgruppe und „Befriedigend" mit Konferenzbeschluss, mit dem die Eignung festgestellt wird

und

2. Beurteilung in anderen Pflichtgegenständen nicht schlechter als „Befriedigend".

In jenen Pflichtgegenständen, in denen diese Voraussetzungen nicht erfüllt sind, kann eine Aufnahmsprüfung abgelegt werden.

Abschlüsse und Berechtigungen

Alle Formen der AHS enden mit der Reifeprüfung, der „Matura", die zum Studium an Akademien, Hochschulen und Universitäten sowie zum Besuch spezieller höherer berufsorientierter Lehrgänge (z. B. Kollegs) berechtigt.
Genauere Informationen über die AHS-Oberstufenformen (inklusive Sonderformen) finden sich in folgender Broschüre des BMUK:

Bildungswege zur Matura an AHS

Jede Schülerberaterin und jeder Schülerberater verfügt über einige Exemplare.

Die Berufsbildende Höhere Schule

Grundsätzliches

Für alle jene, deren Interessen in einem bestimmten Bereich sehr stark ausgeprägt sind und die hier eine Berufsausbildung – gleichzeitig aber auch eine höhere Schulbildung – anstreben, bietet sich eine berufsbildende höhere Schule an. Die Absolventinnen und Absolventen können sofort in das Berufsleben einsteigen. Auch manche Gewerbeberechtigungen werden entweder direkt durch den Schulbesuch oder nach entsprechender Berufspraxis erworben. Die Ausbildung an österreichischen berufsbildenden höheren Schulen wird zudem in der Europäischen Union als Diplomausbildung anerkannt und ist in dieser Hinsicht manchen Hochschulausbildungen in anderen Staaten gleichgestellt. Eine berufsbildende höhere Schule sollte aber nur von jenen gewählt werden, die sich wirklich für das betreffende Fachgebiet interessieren und bereit sind, den erforderlichen Arbeits- und Zeiteinsatz zu erbringen!

Aufgabe der Berufsbildenden Höheren Schule

Die berufsbildende höhere Schule vermittelt den Schülern eine höhere allgemeine und fachliche Bildung, die sie zur Ausübung eines gehobenen Berufes auf technischem, gewerblichem, kunstgewerblichem, land- und forstwirtschaftlichem, kaufmännischem, hauswirtschaftlichem oder sonstigem wirtschaftlichem Gebiet befähigt, und sie zugleich zur Hochschulreife führt.

Erfolgsquoten

Die berufsbildenden höheren Schulen haben in Österreich starken Zulauf. Bereits mehr als die Hälfte derjenigen Jugendlichen, die eine Reifeprüfung („Matura“) ablegen, tun dies an berufsbildenden höheren Schulen. In der 10. Schulstufe (nach Erfüllung der allgemeinen Schulpflicht) besuchen derzeit etwa 20% der Schüler eine berufsbildende höhere Schule.
Die Dropout-Raten sind in manchen Schulformen hoch (bis zu 40% in HTL und HAK); der größte Prozentsatz der Schüler, die ihre Ausbildung an einer dieser Schulen abbrechen, treten nach der 1.Klasse/dem 1. Jahrgang aus, also nach Beendigung der allgemeinen Schulpflicht. Viele dieser Schüler besuchen die 1. Klasse/den 1. Jahrgang einer berufsbildenden Schule und treten dann in das duale Ausbildungssystem ein. Auch Dropouts aus anderen Schulstufen treten in vielen Fällen in das duale Ausbildungssystem ein, wobei ihnen der absolvierte Teil der Ausbildung an der berufsbildenden höheren Schule beim Übertritt voll oder zum Großteil angerechnet wird. In vielen Fällen erfolgt auch ein Umstieg in eine berufsbildende mittlere Schule mit gleicher Fachrichtung.

Organisation

Die Ausbildungsziele der berufsbildenden höheren Schulen sind denen der berufsbildenden mittleren Schulen ähnlich; sie bieten jedoch eine vertiefte theoretische, fachtheoretische und fachpraktische Ausbildung. Sie schließen an die 8. Schulstufe an und sind fünfjährig. Am Ende der 13. Schulstufe werden das Reifezeugnis und ein beruflicher Erstabschluss erworben.

Einen wesentlichen Bestandteil des Unterrichts stellt die praktische Ausbildung in Lehrwerkstätten, Übungsfirmen und sonstigen schulischen Ausbildungsstätten dar. Zusätzlich zur schulischen Ausbildung sind in der Regel auch ein oder mehrere Pflichtpraktika bzw. freiwillige Berufspraktika während der Sommerferien zu absolvieren. Die Wochenstundenanzahl beträgt in diesem Schultyp bis zu 40 Unterrichtsstunden pro Woche. Nachmittagsunterricht ist die Regel.

Berufsbildende höhere Schulen sind z. B.:
- Höhere technische und gewerbliche Lehranstalten
- Höhere Lehranstalt für Mode und Bekleidungstechnik
- Höhere Lehranstalt für Tourismus
- Handelsakademie
- Höhere Lehranstalt für wirtschaftliche Berufe
- Höhere land- und forstwirtschaftliche Lehranstalten.

Aufnahmevoraussetzung

Berufsbildende höhere Schulen können von Schülerinnen und Schülern besucht werden, die die 4. Klasse der Hauptschule, die 4. oder eine höhere Klasse der allgemeinbildenden höheren Schule oder die Polytechnische Schule auf der 9. Schulstufe erfolgreich absolviert haben (ausgenommen Latein, Geometrisches Zeichnen und Schwerpunktpflichtgegenstände).
Ein/e Schüler/in aus der 4. Klasse einer Hauptschule muss eine Aufnahmsprüfung in Deutsch, Englisch oder Mathematik ablegen, wenn er/sie in dem betreffenden Gegenstand in der niedrigsten Leistungsgruppe war oder in der mittleren Leistungsgruppe mit „Genügend“ beurteilt wurde; mit einem „Befriedigend“ aus der mittleren Leistungsgruppe ist die Aufnahme ohne Aufnahmsprüfung über den Beschluss der Klassenkonferenz möglich.
An einer berufsbildenden höheren Schule mit künstlerischer Richtung ist eine Eignungsprüfung abzulegen.

Abschluss

Die Absolvent(inn)en erwerben folgende Berechtigungen:
- Reife- und Diplomprüfung mit der Berechtigung zum Studium an Universitäten, Fachhochschulen und Akademien. Für einzelne Studienrichtungen sind Zusatzprüfungen abzulegen.
- Berechtigungen auf Grund des Berufsausbildungsgesetzes (BGBl. Nr. 142/1996 idgF) und der Gewerbeordnung (BGBl. Nr. 194/1994), z. B. bei technischen Fachrichtungen nach 2-jähriger fachlicher Tätigkeit Zugang und oder Berechtigung zur Ausübung einschlägiger Handwerke; Zugang

zu gebundenen Gewerben; nach einjähriger kaufmännischer Tätigkeit Befähigung zur Ausübung des Gewerbes der Handelsagenten oder eines Handelsgewerbes.

- Absolventen höherer technischer Lehranstalten und höheren landwirtschaftlicher Lehranstalten können nach dreijähriger – gegebenenfalls auch zweijähriger – fachlicher Praxis um die Berechtigung zur Führung der Standesbezeichnung „Ingenieur" ansuchen.
- Die Ausbildung entspricht einem Europäischen Diplomniveau (im Sinne der RL 92/51 EWG idF der RL 95/43/EG)
- Bei Höheren Technischen Lehranstalten: Möglichkeit des Erwerbs des Titels Dipl-HTL-Ing. nach 6-jähriger Berufspraxis, schriftlicher Arbeit und fachlicher Prüfung.

Weiterbildungsmöglichkeiten

- Studium an Universitäten
- Studium an Fachhochschulen (teilweise Anrechnung bei facheinschlägigen Studien ist möglich)
- Studium an Akademien
- Kollegs an anderen berufsbildenden höheren Schulen

Die Bildungsanstalt für Kindergartenpädagogik bzw. Sozialpädagogik

Grundsätzliches

Für die Ausbildung von Kindergärtner(inne)n und Sozialpädagog(inn)en bzw. Erzieher(inne)n gibt es eigene Schulen, die ebenfalls in einer fünfjährigen Ausbildung im Anschluss an die 8.Schulstufe zur Reifeprüfung führen:

- Bildungsanstalten für Kindergartenpädagogik
- Bildungsanstalten für Sozialpädagogik (früher Bildungsanstalten für Erzieher)

An Bildungsanstalten für Kindergartenpädagogik können in einem Zusatzangebot auch Erzieher an Horten ausgebildet werden.

Diese Schulen bieten sich für alle an, die gerne mit Kindern arbeiten möchten und über Interesse bzw. auch eine grundlegende Begabung im musischen und kreativen Bereich verfügen. Da die Bildungsanstalten höhere Schulen sind, die zur Matura führen, werden auch dementsprechende Anforderungen in allgemeinbildenden Unterrichtsgegenständen (z. B. Deutsch, Mathematik, Lebende Fremdsprache) gestellt. Absolventinnen und Absolventen können sofort in das Berufsleben einsteigen. Aufgenommen wird nur, wer die Eignungsprüfung besteht.

Organisation

Die Schularten haben die Aufgabe, die Berufsgesinnung, das Berufswissen und das Berufskönnen für die Erfüllung der Erziehungs- und Bildungsaufgaben in diesem Bereich zu vermitteln und die Schülerinnen und Schüler zugleich zur Hochschulreife zu führen. In diesem Sinne leisten alle Unterrichtsgegenstände über die Vermittlung der fachspezifischen Lerninhalte hinaus ihren Beitrag zur Förderung der intellektuellen und sozialen Flexibilität sowie des autonomen Denkens, der sprachlichen Wendigkeit, der Kreativität und Innovationsfähigkeit.

Die Bildungsanstalten schließen an die 8. Schulstufe an und sind fünfjährig. Am Ende der 13. Schulstufe werden das Reifezeugnis und ein beruflicher Abschluss (Reife- und Diplomprüfung für Kindergärten, Reife- und Diplomprüfung für Kindergärten und Horte, Reife- und Diplomprüfung an der Bildungsanstalt für Sozialpädagogik) erworben. Die Ausbildung kann auch in Form eines Kollegs absolviert werden (vier Semester – für Berufstätige bis zu sechs Semester – nach Reifeprüfung).

Einen wesentlichen Bestandteil des Unterrichts stellt die praktische Ausbildung (Kindergartenpraxis, Hort- und Heimpraxis) dar. Im Durchschnitt beenden ca. 85% die begonnene Ausbildung erfolgreich.

Aufnahmevoraussetzung

Aufnahmevoraussetzung ist der positive Abschluss der 8. Schulstufe (bei Kollegs die Reifeprüfung oder Studienberechtigungsprüfung oder Berufsreifeprüfung) sowie die Ablegung einer Eignungsprüfung.

Die Eignungsprüfung besteht aus:

1. schriftlicher und – bei negativ beurteilter schriftlicher Prüfung – mündlicher Prüfung in Deutsch, Englisch und Mathematik (entfällt bei entsprechendem Schulerfolg in der 8.Schulstufe) und
2. praktischer Prüfung mit Überprüfung der musikalischen Bildbarkeit, der Fähigkeit zu schöpferischem Gestalten, der körperlichen Gewandtheit und Belastbarkeit sowie der Kontakt- und Kommunikationsfähigkeit und

3. aus einer ärztlicher Untersuchung zur Feststellung der körperlichen Eignung (auch im Hinblick auf etwaige, behebbare Sprachfehler).

Abschluss

Reife- und Diplomprüfung mit der Berechtigung zum Universitätsstudium (unter Umständen sind für einzelne Studienrichtungen Zusatzprüfungen abzulegen) und Akademien sowie Berechtigungen für den Öffentlichen Dienst.

Weiterbildungsmöglichkeiten

- Studium an Universitäten
- Studium an Fachhochschulen
- Studium an Akademien (z. B. Sozialakademie für die Ausbildung zum Sozialarbeiter, Pädagogische Akademie für die Ausbildung zum Pflichtschullehrer)
- für Absolvent(inn)en der Bildungsanstalt für Kindergartenpädagogik: Ausbildung zur Sonderkindergärtnerin / zum Sonderkindergärtner
- für Absolvent(inn)en der Bildungsanstalt für Sozialpädagogik: Ausbildung zur Sondererzieherin / zum Sondererzieher

Von den eigenen Interessen und Schwerpunkten zur Schulwahl

Die folgende Zusammenstellung soll dabei helfen, Ideen zur Schulwahl zu entwickeln: Ideen, die von eigenen Interessen und Schwerpunkten ausgehen und Anstoß sein sollen, sich mit bestimmten Ausbildungsmöglichkeiten näher auseinanderzusetzen.

Die gefundenen Vorschläge sollten nicht kritiklos übernommen werden. Jede Schulform steht für ein breites (nicht nur durch wenige Begriffe zu beschreibendes) Angebot und für vielfältige Anforderungen. Sehen Sie die Vorschläge daher als Anregung und holen Sie weitere Informationen dazu ein! Fangen Sie rechtzeitig an, damit Sie für Ihre Entscheidung genug Zeit haben!

Schulpsychologinnen und Schulpsychologen bzw. teilweise auch Schülerberaterinnen und Schülerberater verfügen über Hilfsmittel, durch die sich persönliche Interessen und schulische Inhalte umfassend und differenziert gegenüberstellen lassen (z. B. den eigens für diesen Zweck von der Schulpsychologie-Bildungsberatung entwickelten computergestützten Fragebogen FIT). Nutzen Sie dieses Angebot, wenn Sie unsicher sind!

Anleitung zum Gebrauch der Zusammenstellung

1. **Suchen Sie sich aus folgender Liste das für Sie wichtigste Interessensgebiet bzw. den für Sie wichtigsten Schwerpunkt heraus:**

   Bautechnik
   Biologie (Zoologie und Botanik)
   Chemie und Physik (Naturwissenschaften)
   Datenverarbeitung (EDV)
   Elektrotechnik
   Ernährung und Kochen
   Erziehung und Unterricht
   Fremdenverkehr (Tourismus)
   Fremdsprachen
   Geometrie und Geometrisches Zeichnen
   Kaufmännisches Interesse und Büro
   Kunst und künstlerische Gestaltung
   Land- und Forstwirtschaft
   Literatur und Geisteswissenschaft
   Maschinenbau
   Mathematik
   Medizin und Krankenpflege
   Musik
   Nähen und Textilwaren
   Schulen mit Schwerpunkt Musik
   (intensiver als nur normales Interesse für Musik)
   Schulen mit Schwerpunkt Sport
   Technisch-handwerkliches Interesse
   (insbesonders für praktisches Arbeiten)
   Technisches Verständnis
   (Freude auch an technisch-theoretischem Denken)

Ein Beispiel:

Melanie, eine Schülerin der 4.Klasse eines Realgymnasiums in Niederösterreich interessiert sich einerseits sehr für Fremdsprachen und andererseits für EDV.

2. Suchen Sie auf den folgenden Seiten das Kapitel über das gewählte Interessensgebiet!

Melanie sucht den Beginn des Kapitels über das Interessensgebiet „Fremdsprachen“. Sie schlägt Seite 60 auf.

3. Suchen Sie innerhalb des gewählten Kapitels nach der Überschrift, die das für Sie zweitwichtigste Interessensgebiet bzw. einen zusätzlichen besonderen Schwerpunkt beschreibt!

Zusätzliche besondere Schwerpunkte sind:

Handgeschicklichkeit
Künstlerisch-zeichnerische Begabung
Sprachliche Begabung

Es gibt nicht zu allen Kombinationen Vorschläge. Wenn zu Ihrer Interessenskombination kein Vorschlag existiert, so suchen Sie sich eine weitere für Sie interessante Überschrift. Oder sehen Sie nach, welche Vorschläge es zu dem zuerst gewählten Interessensgebiet allein (ohne Kobination mit einem anderen) gibt.
Da jede Kombinationen von zwei Gebieten nur einmal beschrieben ist, findet sich beim zweiten Vorkommen in der Tabelle nur ein Hinweis, in welchem Unterkapitel die gesuchten Informationen zu finden sind (z. B. bei Interessensgebiet Künstlerisches Gestalten und Bautechnik der Hinweis auf das Interessensgebiet Bautechnik und Künstlerisches Gestalten).

Melanie blättert weiter, findet das Interessensgebiet Fremdsprachen und EDV auf Seite 60 und sieht den Hinweis „siehe Interessensgebiet EDV und Fremdsprachen“. Sie blättert daher zu diesem Interessensgebiet zurück (→ Seite 55).

4. **Im so gefundenen Unterkapitel sind jeweils verschiedene Nummern, die bestimmte Schulformen bezeichnen, zu Gruppen zusammengefasst. Für jede Gruppe ist beschrieben, welche Interessensgebiete und besonderen Schwerpunkte die Schulformen dieser Gruppe unterstützen bzw. aufweisen. Suchen Sie sich eine oder mehrere Gruppen aus und notieren Sie sich die Nummern (z. B. H26, H96)!**

Melanie sieht, dass unter der Überschrift „Fremdsprachen“ zwei Blöcke von Vorschlägen angegeben sind: Eine Schulform (H11) mit den Interessensgebieten EDV, Fremdsprachen,Literatur/Geisteswissenschaft und Mathematik sowie vier Schulformen (H147,H156,H160,H161) mit den gleichen Interessensgebieten, aber ohne „Literatur/Geisteswissenschaft“. Entsprechend ihren Interessen (Literatur gehört nicht dazu) notiert sich Melanie die vier Schulformen des zweiten Blocks.

5. **Schlagen Sie in der Schulformliste am Ende der folgenden Übersicht nach, um welche Schulformen es sich handelt!**

   Bei jeder Schulform ist angegeben, wie lange sie dauert und in welchen Bundesländern sie angeboten wird. Die Adressen entnehmen Sie bitte den Broschüren „Bildungswege zur Matura an AHS“, „Bildungswege im lehrenden Bereich“ bzw. „ABC der berufsbildenden Schulen“. Oder Sie erfragen sie bei Ihrer Schülerberaterin bzw. Ihrem Schülerberater oder der Schulservicestelle in Ihrem Bundesland (Adresse und Telefonnummer → Seite 166 dieser Broschüre).
   Wenn Ihr Bundesland bei einer Sie sehr interessierenden Schulform nicht angegeben ist, fragen Sie bitte bei Ihrer Schülerberaterin bzw. Ihrem Schülerberater oder der Schulservicestelle nach, ob es in der Zwischenzeit nicht doch auch ein entsprechendes Angebot in Ihrem Bundesland gibt.

In der Schulformliste ab Seite 74 sucht Melanie nach den notierten Nummern und erhält folgende Informationen:
H147 (auf Seite 84) ist ein Oberstufenrealgymnasium unter besonderer Berücksichtigung der Informatik. Standorte gibt es unter anderem in Wien und Niederösterreich. H156, H160 und H161 (auf Seite 85) sind verschiedene Schulversuche in Realgymnasien mit Schwerpunkt Informatik. H160 gibt es derzeit allerdings nur in Vorarlberg, H156 nur in Salzburg und der Steiermark. Diese beiden Schulformen kommen daher nicht in Frage. Bei H161 gibt es auch einen Standort in Niederösterreich. Melanie wird daher ihre Schülerberaterin nach den Adressen für die Schulformen H147 und H161 fragen.

Chance für Beraterinnen und Berater:
Schülerinnen und Schüler bei der Erkundung ihrer Interessen helfen! Die Interessensliste entspricht etwa der des Schul- und Berufsinteressenstestes (SBIT). Die nachfolgende Zusammenstellung basiert auf dem Computerprogramm SBS (Schullaufbahn-Beratungs-System).

INTERESSENSGEBIETE UND SCHULFORMEN

Höhere Schulen ab der 9.Schulstufe

Interessensgebiet Bautechnik

Interessensgebiet Bautechnik und Biologie
H27
Interessensgebiete: Bautechnik, Biologie, Chemie/Physik, Mathematik
Besondere Schwerpunkte: Handgeschicklichkeit, Techn. Verständnis

Interessensgebiet Bautechnik und Chemie/Physik
H27
Interessensgebiete: Bautechnik, Biologie, Chemie/Physik, Mathematik
Besondere Schwerpunkte: Handgeschicklichkeit, Techn. Verständnis
H28
Interessensgebiete: Bautechnik, Chemie/Physik, Kaufm. Interesse, Mathematik
Besondere Schwerpunkte: Handgeschicklichkeit, Techn. Verständnis
H26, H96
Interessensgebiete: Bautechnik, Chemie/Physik, Künstler. Gestalten, Mathematik, Techn. Handwerk
Besondere Schwerpunkte: Handgeschicklichkeit, Techn. Verständnis
H67, H68
Interessensgebiete: Bautechnik, Chemie/Physik, Mathematik
Besondere Schwerpunkte: Techn. Verständnis
H29, H30, H31, H66
Interessensgebiete: Bautechnik, Chemie/Physik, Mathematik, Techn. Handwerk
Besondere Schwerpunkte: Handgeschicklichkeit, Techn. Verständnis

Interessensgebiet Bautechnik und Handgeschicklichkeit
H27
Interessensgebiete: Bautechnik, Biologie, Chemie/Physik, Mathematik
Besondere Schwerpunkte: Handgeschicklichkeit, Techn. Verständnis
H28
Interessensgebiete: Bautechnik, Chemie/Physik, Kaufm. Interesse, Mathematik
Besondere Schwerpunkte: Handgeschicklichkeit, Techn. Verständnis
H26, H96
Interessensgebiete: Bautechnik, Chemie/Physik, Künstler. Gestalten, Mathematik, Techn. Handwerk
Besondere Schwerpunkte: Handgeschicklichkeit, Techn. Verständnis
H29, H30, H31, H66
Interessensgebiete: Bautechnik, Chemie/Physik, Mathematik, Techn. Handwerk
Besondere Schwerpunkte: Handgeschicklichkeit, Techn. Verständnis

Interessensgebiet Bautechnik und Kaufm. Interesse
H28
Interessensgebiete: Bautechnik, Chemie/Physik, Kaufm. Interesse, Mathematik
Besondere Schwerpunkte: Handgeschicklichkeit, Techn. Verständnis

Interessensgebiet Bautechnik und Künstler. Gestalten
H26, H96
Interessensgebiete: Bautechnik, Chemie/Physik, Künstler. Gestalten, Mathematik, Techn. Handwerk
Besondere Schwerpunkte: Handgeschicklichkeit, Techn. Verständnis

Interessensgebiet Bautechnik und Mathematik
H27
Interessensgebiete: Bautechnik, Biologie, Chemie/Physik, Mathematik
Besondere Schwerpunkte: Handgeschicklichkeit, Techn. Verständnis
H28
Interessensgebiete: Bautechnik, Chemie/Physik, Kaufm. Interesse, Mathematik
Besondere Schwerpunkte: Handgeschicklichkeit, Techn. Verständnis
H26, H96
Interessensgebiete: Bautechnik, Chemie/Physik, Künstler. Gestalten, Mathematik, Techn. Handwerk

Besondere Schwerpunkte: Handgeschicklichkeit, Techn. Verständnis
H67, H68
Interessensgebiete: Bautechnik, Chemie/Physik, Mathematik
Besondere Schwerpunkte: Techn. Verständnis
H29, H30, H31, H66
Interessensgebiete: Bautechnik, Chemie/Physik, Mathematik, Techn. Handwerk
Besondere Schwerpunkte: Handgeschicklichkeit, Techn. Verständnis

Interessensgebiet Bautechnik und Techn. Handwerk
H26, H96
Interessensgebiete: Bautechnik, Chemie/Physik, Künstler. Gestalten, Mathematik, Techn. Handwerk
Besondere Schwerpunkte: Handgeschicklichkeit, Techn. Verständnis
H29, H66
Interessensgebiete: Bautechnik, Chemie/Physik, Mathematik, Techn. Handwerk
Besondere Schwerpunkte: Handgeschicklichkeit, Techn. Verständnis

Interessensgebiet Bautechnik und Techn. Verständnis
H27
Interessensgebiete: Bautechnik, Biologie, Chemie/Physik, Mathematik
Besondere Schwerpunkte: Handgeschicklichkeit, Techn. Verständnis
H28
Interessensgebiete: Bautechnik, Chemie/Physik, Kaufm. Interesse, Mathematik
Besondere Schwerpunkte: Handgeschicklichkeit, Techn. Verständnis
H26, H96
Interessensgebiete: Bautechnik, Chemie/Physik, Künstler. Gestalten, Mathematik, Techn. Handwerk
Besondere Schwerpunkte: Handgeschicklichkeit, Techn. Verständnis
H67, H68
Interessensgebiete: Bautechnik, Chemie/Physik, Mathematik
Besondere Schwerpunkte: Techn. Verständnis
H29, H30, H31, H66
Interessensgebiete: Bautechnik, Chemie/Physik, Mathematik, Techn. Handwerk
Besondere Schwerpunkte: Handgeschicklichkeit, Techn. Verständnis

Interessensgebiet Biologie

Interessensgebiet Biologie und Bautechnik
Siehe Interessensgebiet Bautechnik und Biologie

Interessensgebiet Biologie und Chemie/Physik
H47
Interessensgebiete: Biologie, Chemie/Physik, Mathematik
Besondere Schwerpunkte: Techn. Verständnis

Interessensgebiet Biologie und Ernährung/Kochen
H95
Interessensgebiete: Biologie, Ernährung/Kochen, Land-/Forstwirtschaft

Interessensgebiet Biologie und Fremdenverkehr
H127, H130
Interessensgebiete: Biologie, Fremdenverkehr, Fremdsprachen, Kaufm. Interesse
Besondere Schwerpunkte: Handgeschicklichkeit

Interessensgebiet Biologie und Fremdsprachen
H127, H130
Interessensgebiete: Biologie, Fremdenverkehr, Fremdsprachen, Kaufm. Interesse
Besondere Schwerpunkte: Handgeschicklichkeit
H116
Interessensgebiete: Biologie, Fremdsprachen, Kaufm. Interesse
H 143, H149, H155
Interessensgebiete: Biologie, Fremdsprachen, Mathematik

Interessensgebiet Biologie und Handgeschicklichkeit
H127, H130
Interessensgebiete: Biologie, Fremdenverkehr, Fremdsprachen, Kaufm. Interesse
Besondere Schwerpunkte: Handgeschicklichkeit
H64
Interessensgebiete: Biologie, Künstler. Gestalten, Land-/Forstwirtschaft
Besondere Schwerpunkte: Handgeschicklichkeit

Interessensgebiet Biologie und Kaufm. Interesse
H127, H130
Interessensgebiete: Biologie, Fremdenverkehr, Fremdsprachen, Kaufm. Interesse
Besondere Schwerpunkte: Handgeschicklichkeit
H116
Interessensgebiete: Biologie, Fremdsprachen, Kaufm. Interesse

Interessensgebiet Biologie und Künstler. Gestalten
H64
Interessensgebiete: Biologie, Künstler. Gestalten, Land-/Forstwirtschaft
Besondere Schwerpunkte: Handgeschicklichkeit

Interessensgebiet Biologie und Land-/Forstwirtschaft
H95
Interessensgebiete: Biologie, Ernährung/Kochen, Land-/Forstwirtschaft
H 64
Interessensgebiete: Biologie, Künstler. Gestalten, Land-/Forstwirtschaft
Besondere Schwerpunkte: Handgeschicklichkeit
H24, H25, H118
Interessensgebiete: Biologie, Land-/Forstwirtschaft
H 62
Interessensgebiete: Biologie, Land-/Forstwirtschaft, Mathematik
H 79
Interessensgebiete: Biologie, Land-/Forstwirtschaft, Maschinenbau, Mathematik
H 78, H164
Interessensgebiete: Biologie, Land-/Forstwirtschaft, Nähen und Textilwaren

Interessensgebiet Biologie und Maschinenbau
H 79
Interessensgebiete: Biologie, Land-/Forstwirtschaft, Maschinenbau, Mathematik

Interessensgebiet Biologie und Mathematik
H47
Interessensgebiete: Biologie, Chemie/Physik, Mathematik
Besondere Schwerpunkte: Techn. Verständnis
H143, H149, H155

Interessensgebiete: Biologie, Fremdsprachen, Mathematik
H 62
Interessensgebiete: Biologie, Land-/Forstwirtschaft, Mathematik
H 79
Interessensgebiete: Biologie, Land-/Forstwirtschaft, Maschinenbau, Mathematik

Interessensgebiet Biologie und Nähen und Textilwaren

H78, H164
Interessensgebiete: Biologie, Land-/Forstwirtschaft, Nähen und Textilwaren

Interessensgebiet Biologie und Techn. Verständnis

H47
Interessensgebiete: Biologie, Chemie/Physik, Mathematik
Besondere Schwerpunkte: Techn. Verständnis

Interessensgebiet Chemie/Physik

Interessensgebiet Chemie/Physik und Bautechnik

Siehe Interessensgebiet Bautechnik und Chemie/Physik

Interessensgebiet Chemie/Physik und Biologie

Siehe Interessensgebiet Biologie und Chemie/Physik

Interessensgebiet Chemie/Physik und EDV

H90
Interessensgebiete: Chemie/Physik, EDV, Elektrotechnik, Maschinenbau, Mathematik, Techn. Handwerk
Besondere Schwerpunkte: Handgeschicklichkeit, Techn. Verständnis
H56
Interessensgebiete: Chemie/Physik, EDV, Elektrotechnik, Mathematik, Techn. Handwerk
Besondere Schwerpunkte: Handgeschicklichkeit, Techn. Verständnis
H58, H133, H134
Interessensgebiete: Chemie/Physik, EDV, Kaufm. Interesse, Mathematik
Besondere Schwerpunkte: Techn. Verständnis
H57
Interessensgebiete: Chemie/Physik, EDV, Mathematik
Besondere Schwerpunkte: Techn. Verständnis

Interessensgebiet Chemie/Physik und Elektrotechnik
H90
Interessensgebiete: Chemie/Physik, EDV, Elektrotechnik, Maschinenbau, Mathematik, Techn. Handwerk
Besondere Schwerpunkte: Handgeschicklichkeit, Techn. Verständnis
H56
Interessensgebiete: Chemie/Physik, EDV, Elektrotechnik, Mathematik, Techn. Handwerk
Besondere Schwerpunkte: Handgeschicklichkeit, Techn. Verständnis
H131
Interessensgebiete: Chemie/Physik, Elektrotechnik, Kaufm. Interesse, Maschinenbau, Mathematik, Techn. Handwerk
Besondere Schwerpunkte: Handgeschicklichkeit, Techn. Verständnis
H61, H84, H88, H89, H91, H92, H94
Interessensgebiete: Chemie/Physik, Elektrotechnik, Maschinenbau, Mathematik, Techn. Handwerk
Besondere Schwerpunkte: Handgeschicklichkeit, Techn. Verständnis
H54
Interessensgebiete: Chemie/Physik, Elektrotechnik, Mathematik, Medizin/Krankenpflege, Techn. Handwerk
Besondere Schwerpunkte: Handgeschicklichkeit, Techn. Verständnis
H53, H55, H59, H60
Interessensgebiete: Chemie/Physik, Elektrotechnik, Mathematik, Techn. Handwerk
Besondere Schwerpunkte: Handgeschicklichkeit, Techn. Verständnis

Interessensgebiet Chemie/Physik und Ernährung/Kochen
H81, H83
Interessensgebiete: Chemie/Physik, Ernährung/Kochen, Mathematik
Besondere Schwerpunkte: Handgeschicklichkeit, Techn. Verständnis

Interessensgebiet Chemie/Physik und Fremdsprachen
H157, H158
Interessensgebiete: Chemie/Physik, Fremdsprachen, Mathematik

Interessensgebiet Chemie/Physik und Geometrie
H111
Interessensgebiete: Chemie/Physik, Geometrie, Mathematik, Nähen und Textilwaren
Besondere Schwerpunkte: Handgeschicklichkeit, Techn. Verständnis

Interessensgebiet Chemie/Physik und Handgeschicklichkeit
H90
Interessensgebiete: Chemie/Physik, EDV, Elektrotechnik, Maschinenbau, Mathematik, Techn. Handwerk
Besondere Schwerpunkte: Handgeschicklichkeit, Techn. Verständnis
H56
Interessensgebiete: Chemie/Physik, EDV, Elektrotechnik, Mathematik, Techn. Handwerk
Besondere Schwerpunkte: Handgeschicklichkeit, Techn. Verständnis
H131
Interessensgebiete: Chemie/Physik, Elektrotechnik, Kaufm. Interesse, Maschinenbau, Mathematik, Techn. Handwerk
Besondere Schwerpunkte: Handgeschicklichkeit, Techn. Verständnis
H61, H84, H88, H89, H91, H92, H94
Interessensgebiete: Chemie/Physik, Elektrotechnik, Maschinenbau, Mathematik, Techn. Handwerk
Besondere Schwerpunkte: Handgeschicklichkeit, Techn. Verständnis
H54
Interessensgebiete: Chemie/Physik, Elektrotechnik, Mathematik, Medizin/Krankenpflege, Techn. Handwerk
Besondere Schwerpunkte: Handgeschicklichkeit, Techn. Verständnis
H53, H55, H59, H60
Interessensgebiete: Chemie/Physik, Elektrotechnik, Mathematik, Techn. Handwerk
Besondere Schwerpunkte: Handgeschicklichkeit, Techn. Verständnis
H81, H83
Interessensgebiete: Chemie/Physik, Ernährung/Kochen, Mathematik
Besondere Schwerpunkte: Handgeschicklichkeit, Techn. Verständnis
H111
Interessensgebiete: Chemie/Physik, Geometrie, Mathematik, Nähen und Textilwaren
Besondere Schwerpunkte: Handgeschicklichkeit, Techn. Verständnis
H63
Interessensgebiete: Chemie/Physik, Künstler. Gestalten, Mathematik
Besondere Schwerpunkte: Handgeschicklichkeit, Techn. Verständnis
H110
Interessensgebiete: Chemie/Physik, Künstler. Gestalten, Mathematik, Nähen und Textilwaren
Besondere Schwerpunkte: Handgeschicklichkeit, Techn. Verständnis
H86, H87

Interessensgebiete: Chemie/Physik, Maschinenbau, Mathematik, Techn. Handwerk
Besondere Schwerpunkte: Handgeschicklichkeit, Techn. Verständnis
H77, H107
Interessensgebiete: Chemie/Physik, Mathematik
Besondere Schwerpunkte: Handgeschicklichkeit, Techn. Verständnis

Interessensgebiet Chemie/Physik und Kaufm. Interesse
H58, H133, H134
Interessensgebiete: Chemie/Physik, EDV, Kaufm. Interesse, Mathematik
Besondere Schwerpunkte: Techn. Verständnis
H131
Interessensgebiete: Chemie/Physik, Elektrotechnik, Kaufm. Interesse, Maschinenbau, Mathematik, Techn. Handwerk
Besondere Schwerpunkte: Handgeschicklichkeit, Techn. Verständnis
H109, H132, H135
Interessensgebiete: Chemie/Physik, Kaufm. Interesse, Mathematik, Nähen und Textilwaren
Besondere Schwerpunkte: Techn. Verständnis

Interessensgebiet Chemie/Physik und Künstler. Gestalten
H63
Interessensgebiete: Chemie/Physik, Künstler. Gestalten, Mathematik
Besondere Schwerpunkte: Handgeschicklichkeit, Techn. Verständnis
H110
Interessensgebiete: Chemie/Physik, Künstler. Gestalten, Mathematik, Nähen und Textilwaren
Besondere Schwerpunkte: Handgeschicklichkeit, Techn. Verständnis
H108
Interessensgebiete: Chemie/Physik, Künstler. Gestalten, Mathematik, Nähen und Textilwaren
Besondere Schwerpunkte: Techn. Verständnis

Interessensgebiet Chemie/Physik und Maschinenbau
H90
Interessensgebiete: Chemie/Physik, EDV, Elektrotechnik, Maschinenbau, Mathematik, Techn. Handwerk
Besondere Schwerpunkte: Handgeschicklichkeit, Techn. Verständnis
H131

Interessensgebiete: Chemie/Physik, Elektrotechnik, Kaufm. Interesse, Maschinenbau, Mathematik, Techn. Handwerk
Besondere Schwerpunkte: Handgeschicklichkeit, Techn. Verständnis
H61, H84, H88, H89, H91, H92, H94
Interessensgebiete: Chemie/Physik, Elektrotechnik, Maschinenbau, Mathematik, Techn. Handwerk
Besondere Schwerpunkte: Handgeschicklichkeit, Techn. Verständnis
H85, H93
Interessensgebiete: Chemie/Physik, Maschinenbau, Mathematik
Besondere Schwerpunkte: Techn. Verständnis
H86, H87
Interessensgebiete: Chemie/Physik, Maschinenbau, Mathematik, Techn. Handwerk
Besondere Schwerpunkte: Handgeschicklichkeit, Techn. Verständnis

Interessensgebiet Chemie/Physik und Mathematik
H90
Interessensgebiete: Chemie/Physik, EDV, Elektrotechnik, Maschinenbau, Mathematik, Techn. Handwerk
Besondere Schwerpunkte: Handgeschicklichkeit, Techn. Verständnis
H56
Interessensgebiete: Chemie/Physik, EDV, Elektrotechnik, Mathematik, Techn. Handwerk
Besondere Schwerpunkte: Handgeschicklichkeit, Techn. Verständnis
H58, H133, H134
Interessensgebiete: Chemie/Physik, EDV, Kaufm. Interesse, Mathematik
Besondere Schwerpunkte: Techn. Verständnis
H57
Interessensgebiete: Chemie/Physik, EDV, Mathematik
Besondere Schwerpunkte: Techn. Verständnis
H131
Interessensgebiete: Chemie/Physik, Elektrotechnik, Kaufm. Interesse, Maschinenbau, Mathematik, Techn. Handwerk
Besondere Schwerpunkte: Handgeschicklichkeit, Techn. Verständnis
H61, H84, H88, H89, H91, H92, H94
Interessensgebiete: Chemie/Physik, Elektrotechnik, Maschinenbau, Mathematik, Techn. Handwerk
Besondere Schwerpunkte: Handgeschicklichkeit, Techn. Verständnis
H54

Interessensgebiete: Chemie/Physik, Elektrotechnik, Mathematik, Medizin/Krankenpflege, Techn. Handwerk
Besondere Schwerpunkte: Handgeschicklichkeit, Techn. Verständnis
H53, H55, H59, H60
Interessensgebiete: Chemie/Physik, Elektrotechnik, Mathematik, Techn. Handwerk
Besondere Schwerpunkte: Handgeschicklichkeit, Techn. Verständnis
H81, H83
Interessensgebiete: Chemie/Physik, Ernährung/Kochen, Mathematik
Besondere Schwerpunkte: Handgeschicklichkeit, Techn. Verständnis
H157, H158
Interessensgebiete: Chemie/Physik, Fremdsprachen, Mathematik
H 111
Interessensgebiete: Chemie/Physik, Geometrie, Mathematik, Nähen und Textilwaren
Besondere Schwerpunkte: Handgeschicklichkeit, Techn. Verständnis
H109, H132, H135
Interessensgebiete: Chemie/Physik, Kaufm. Interesse, Mathematik, Nähen und Textilwaren
Besondere Schwerpunkte: Techn. Verständnis
H63
Interessensgebiete: Chemie/Physik, Künstler. Gestalten, Mathematik
Besondere Schwerpunkte: Handgeschicklichkeit, Techn. Verständnis
H110
Interessensgebiete: Chemie/Physik, Künstler. Gestalten, Mathematik, Nähen und Textilwaren
Besondere Schwerpunkte: Handgeschicklichkeit, Techn. Verständnis
H108
Interessensgebiete: Chemie/Physik, Künstler. Gestalten, Mathematik, Nähen und Textilwaren
Besondere Schwerpunkte: Techn. Verständnis
H85, H93
Interessensgebiete: Chemie/Physik, Maschinenbau, Mathematik
Besondere Schwerpunkte: Techn. Verständnis
H86, H87
Interessensgebiete: Chemie/Physik, Maschinenbau, Mathematik, Techn. Handwerk
Besondere Schwerpunkte: Handgeschicklichkeit, Techn. Verständnis
H77, H107
Interessensgebiete: Chemie/Physik, Mathematik

Besondere Schwerpunkte: Handgeschicklichkeit, Techn. Verständnis
H32, H33, H43, H44, H45, H46, H48, H49, H50, H51, H52, H69, H80, H82, H119
Interessensgebiete: Chemie/Physik, Mathematik, Nähen und Textilwaren
Besondere Schwerpunkte: Techn. Verständnis

Interessensgebiet Chemie/Physik und Medizin/Krankenpflege
H54
Interessensgebiete: Chemie/Physik, Elektrotechnik, Mathematik, Medizin/Krankenpflege, Techn. Handwerk
Besondere Schwerpunkte: Handgeschicklichkeit, Techn. Verständnis

Interessensgebiet Chemie/Physik und Nähen und Textilwaren
H111
Interessensgebiete: Chemie/Physik, Geometrie, Mathematik, Nähen und Textilwaren
Besondere Schwerpunkte: Handgeschicklichkeit, Techn. Verständnis
H109, H132, H135
Interessensgebiete: Chemie/Physik, Kaufm. Interesse, Mathematik, Nähen und Textilwaren
Besondere Schwerpunkte: Techn. Verständnis
H110
Interessensgebiete: Chemie/Physik, Künstler. Gestalten, Mathematik, Nähen und Textilwaren
Besondere Schwerpunkte: Handgeschicklichkeit, Techn. Verständnis
H108
Interessensgebiete: Chemie/Physik, Künstler. Gestalten, Mathematik, Nähen und Textilwaren
Besondere Schwerpunkte: Techn. Verständnis
H32, H33
Interessensgebiete: Chemie/Physik, Mathematik, Nähen und Textilwaren
Besondere Schwerpunkte: Techn. Verständnis

Interessensgebiet Chemie/Physik und Techn. Handwerk
H90
Interessensgebiete: Chemie/Physik, EDV, Elektrotechnik, Maschinenbau, Mathematik, Techn. Handwerk
Besondere Schwerpunkte: Handgeschicklichkeit, Techn. Verständnis
H56
Interessensgebiete: Chemie/Physik, EDV, Elektrotechnik, Mathematik, Techn. Handwerk

Besondere Schwerpunkte: Handgeschicklichkeit, Techn. Verständnis
H131
Interessensgebiete: Chemie/Physik, Elektrotechnik, Kaufm. Interesse, Maschinenbau, Mathematik, Techn. Handwerk
Besondere Schwerpunkte: Handgeschicklichkeit, Techn. Verständnis
H61, H84, H88, H89, H91, H92, H94
Interessensgebiete: Chemie/Physik, Elektrotechnik, Maschinenbau, Mathematik, Techn. Handwerk
Besondere Schwerpunkte: Handgeschicklichkeit, Techn. Verständnis
H54
Interessensgebiete: Chemie/Physik, Elektrotechnik, Mathematik, Medizin/Krankenpflege, Techn. Handwerk
Besondere Schwerpunkte: Handgeschicklichkeit, Techn. Verständnis
H53, H55, H59, H60
Interessensgebiete: Chemie/Physik, Elektrotechnik, Mathematik, Techn. Handwerk
Besondere Schwerpunkte: Handgeschicklichkeit, Techn. Verständnis
H86, H87
Interessensgebiete: Chemie/Physik, Maschinenbau, Mathematik, Techn. Handwerk
Besondere Schwerpunkte: Handgeschicklichkeit, Techn. Verständnis

Interessensgebiet Chemie/Physik und Techn. Verständnis
H90
Interessensgebiete: Chemie/Physik, EDV, Elektrotechnik, Maschinenbau, Mathematik, Techn. Handwerk
Besondere Schwerpunkte: Handgeschicklichkeit, Techn. Verständnis
H56
Interessensgebiete: Chemie/Physik, EDV, Elektrotechnik, Mathematik, Techn. Handwerk
Besondere Schwerpunkte: Handgeschicklichkeit, Techn. Verständnis
H58, H133, H134
Interessensgebiete: Chemie/Physik, EDV, Kaufm. Interesse, Mathematik
Besondere Schwerpunkte: Techn. Verständnis
H57
Interessensgebiete: Chemie/Physik, EDV, Mathematik
Besondere Schwerpunkte: Techn. Verständnis
H131
Interessensgebiete: Chemie/Physik, Elektrotechnik, Kaufm. Interesse, Maschinenbau, Mathematik, Techn. Handwerk

Besondere Schwerpunkte: Handgeschicklichkeit, Techn. Verständnis
H61, H84, H88, H89, H91, H92, H94
Interessensgebiete: Chemie/Physik, Elektrotechnik, Maschinenbau, Mathematik, Techn. Handwerk
Besondere Schwerpunkte: Handgeschicklichkeit, Techn. Verständnis
H54
Interessensgebiete: Chemie/Physik, Elektrotechnik, Mathematik, Medizin/Krankenpflege, Techn. Handwerk
Besondere Schwerpunkte: Handgeschicklichkeit, Techn. Verständnis
H53, H55, H59, H60
Interessensgebiete: Chemie/Physik, Elektrotechnik, Mathematik, Techn. Handwerk
Besondere Schwerpunkte: Handgeschicklichkeit, Techn. Verständnis
H81, H83
Interessensgebiete: Chemie/Physik, Ernährung/Kochen, Mathematik
Besondere Schwerpunkte: Handgeschicklichkeit, Techn. Verständnis
H111
Interessensgebiete: Chemie/Physik, Geometrie, Mathematik, Nähen und Textilwaren
Besondere Schwerpunkte: Handgeschicklichkeit, Techn. Verständnis
H109, H132, H135
Interessensgebiete: Chemie/Physik, Kaufm. Interesse, Mathematik, Nähen und Textilwaren
Besondere Schwerpunkte: Techn. Verständnis
H63
Interessensgebiete: Chemie/Physik, Künstler. Gestalten, Mathematik
Besondere Schwerpunkte: Handgeschicklichkeit, Techn. Verständnis
H110
Interessensgebiete: Chemie/Physik, Künstler. Gestalten, Mathematik, Nähen und Textilwaren
Besondere Schwerpunkte: Handgeschicklichkeit, Techn. Verständnis
H108
Interessensgebiete: Chemie/Physik, Künstler. Gestalten, Mathematik, Nähen und Textilwaren
Besondere Schwerpunkte: Techn. Verständnis
H85, H93
Interessensgebiete: Chemie/Physik, Maschinenbau, Mathematik
Besondere Schwerpunkte: Techn. Verständnis
H86, H87
Interessensgebiete: Chemie/Physik, Maschinenbau, Mathematik, Techn. Handwerk

Besondere Schwerpunkte: Handgeschicklichkeit, Techn. Verständnis
H77, H107
Interessensgebiete: Chemie/Physik, Mathematik
Besondere Schwerpunkte: Handgeschicklichkeit, Techn. Verständnis
H32, H33, H43, H44, H45, H46, H48, H49, H50, H51, H52, H69, H80, H82, H119
Interessensgebiete: Chemie/Physik, Mathematik, Nähen und Textilwaren
Besondere Schwerpunkte: Techn. Verständnis

Interessensgebiet EDV

Interessensgebiet EDV und Chemie/Physik

Siehe Interessensgebiet Chemie/Physik und EDV

Interessensgebiet EDV und Elektrotechnik

H90
Interessensgebiete: Chemie/Physik, EDV, Elektrotechnik, Maschinenbau, Mathematik, Techn. Handwerk
Besondere Schwerpunkte: Handgeschicklichkeit, Techn. Verständnis
H56
Interessensgebiete: Chemie/Physik, EDV, Elektrotechnik, Mathematik, Techn. Handwerk
Besondere Schwerpunkte: Handgeschicklichkeit, Techn. Verständni

Interessensgebiet EDV und Fremdsprachen

H11
Interessensgebiete: EDV, Fremdsprachen, Literatur/Geisteswiss., Mathematik
H 147, H156, H160, H161
Interessensgebiete: EDV, Fremdsprachen, Mathematik

Interessensgebiet EDV und Geometrie

H98
Interessensgebiete: EDV, Geometrie, Künstler. Gestalten, Nähen und Textilwaren
Besondere Schwerpunkte: Handgeschicklichkeit

Interessensgebiet EDV und Handgeschicklichkeit

H98
Interessensgebiete: EDV, Geometrie, Künstler. Gestalten, Nähen und Textilwaren
Besondere Schwerpunkte: Handgeschicklichkeit

Interessensgebiet EDV und Kaufm. Interesse
H58, H133, H134
Interessensgebiete: Chemie/Physik, EDV, Kaufm. Interesse, Mathematik
Besondere Schwerpunkte: Techn. Verständnis

Interessensgebiet EDV und Künstler. Gestalten
H98
Interessensgebiete: EDV, Geometrie, Künstler. Gestalten, Nähen und Textilwaren
Besondere Schwerpunkte: Handgeschicklichkeit

Interessensgebiet EDV und Literatur/Geisteswiss.
H11
Interessensgebiete: EDV, Fremdsprachen, Literatur/Geisteswiss., Mathematik

Interessensgebiet EDV und Maschinenbau
H90
Interessensgebiete: Chemie/Physik, EDV, Elektrotechnik, Maschinenbau, Mathematik, Techn. Handwerk
Besondere Schwerpunkte: Handgeschicklichkeit, Techn. Verständnis

Interessensgebiet EDV und Mathematik
H11
Interessensgebiete: EDV, Fremdsprachen, Literatur/Geisteswiss., Mathematik
H 147, H156, H160, H161
Interessensgebiete: EDV, Fremdsprachen, Mathematik

Interessensgebiet EDV und Nähen und Textilwaren
H98
Interessensgebiete: EDV, Geometrie, Künstler. Gestalten, Nähen und Textilwaren
Besondere Schwerpunkte: Handgeschicklichkeit

Interessensgebiet Elektrotechnik

Allgemein: Das Interessensgebiet Elektrotechnik setzt auch Interessen im Bereich Physik/Chemie, Mathematik sowie Technisches Verständnis voraus.

Interessensgebiet Elektrotechnik ohne zusätzliche Spezifizierung
H53, H55, H59, H60
Interessensgebiete: Chemie/Physik, Elektrotechnik, Mathematik, Techn. Handwerk
Besondere Schwerpunkte: Handgeschicklichkeit, Techn. Verständnis

Interessensgebiet Elektrotechnik und EDV
Siehe Interessensgebiet EDV und Elektrotechnik

Interessensgebiet Elektrotechnik und kaufm. Interesse
H131
Interessensgebiete: Chemie/Physik, Elektrotechnik, Kaufm. Interesse, Maschinenbau, Mathematik, Techn. Handwerk
Besondere Schwerpunkte: Handgeschicklichkeit, Techn. Verständnis

Interessensgebiet Elektrotechnik und Maschinenbau
H131
Interessensgebiete: Chemie/Physik, Elektrotechnik, Kaufm. Interesse, Maschinenbau, Mathematik, Techn. Handwerk
Besondere Schwerpunkte: Handgeschicklichkeit, Techn. Verständnis
H61, H84, H88, H89, H91, H92, H94
Interessensgebiete: Chemie/Physik, Elektrotechnik, Maschinenbau, Mathematik, Techn. Handwerk
Besondere Schwerpunkte: Handgeschicklichkeit, Techn. Verständnis

Interessensgebiet Elektrotechnik und Medizin/Krankenpflege
H54
Interessensgebiete: Chemie/Physik, Elektrotechnik, Mathematik, Medizin/Krankenpflege, Techn. Handwerk
Besondere Schwerpunkte: Handgeschicklichkeit, Techn. Verständnis

Interessensgebiet Ernährung/Kochen

Interessensgebiet Ernährung/Kochen und Biologie
Siehe Interessensgebiet Biologie und Ernährung/Kochen

Interessensgebiet Ernährung/Kochen und Chemie/Physik
Siehe Interessensgebiet Chemie/Physik und Ernährung/Kochen

Interessensgebiet Ernährung/Kochen und Fremdenverkehr
H124
Interessensgebiete: Ernährung/Kochen, Fremdenverkehr, Fremdsprachen, Kaufm. Interesse
Besondere Schwerpunkte: Handgeschicklichkeit

Interessensgebiet Ernährung/Kochen und Fremdsprachen
H124
Interessensgebiete: Ernährung/Kochen, Fremdenverkehr, Fremdsprachen, Kaufm. Interesse
Besondere Schwerpunkte: Handgeschicklichkeit

Interessensgebiet Ernährung/Kochen und Handgeschicklichkeit
H124
Interessensgebiete: Ernährung/Kochen, Fremdenverkehr, Fremdsprachen, Kaufm. Interesse
Besondere Schwerpunkte: Handgeschicklichkeit

Interessensgebiet Ernährung/Kochen und Kaufm. Interesse
H124
Interessensgebiete: Ernährung/Kochen, Fremdenverkehr, Fremdsprachen, Kaufm. Interesse
Besondere Schwerpunkte: Handgeschicklichkeit

Interessensgebiet Ernährung/Kochen und Land-/Forstwirtschaft
H95
Interessensgebiete: Biologie, Ernährung/Kochen, Land-/Forstwirtschaft

Interessensgebiet Erziehung und Unterricht

Interessensgebiet Erziehung und Unterricht und Handgeschicklichkeit
H5, H6
Interessensgebiete: Erziehung und Unterricht, Künstler. Gestalten, Musik
Besondere Schwerpunkte: Handgeschicklichkeit

Interessensgebiet Erziehung und Unterricht und Künstler. Gestalten
H5, H6, H7
Interessensgebiete: Erziehung und Unterricht, Künstler. Gestalten, Musik
Besondere Schwerpunkte: Handgeschicklichkeit

Interessensgebiet Erziehung und Unterricht und Musik
H5, H6, H7
Interessensgebiete: Erziehung und Unterricht, Künstler. Gestalten, Musik
Besondere Schwerpunkte: Handgeschicklichkeit

Interessensgebiet Fremdenverkehr (Tourismus)

Interessensgebiet Fremdenverkehr und Biologie
Siehe Interessensgebiet Biologie und Fremdenverkehr

Interessensgebiet Fremdenverkehr und Ernährung/Kochen
Siehe Interessensgebiet Ernährung/Kochen und Fremdenverkehr

Interessensgebiet Fremdenverkehr und Fremdsprachen
H112, H113, H114, H115, H122, H123, H125, H128
Interessensgebiete: Fremdenverkehr, Fremdsprachen, Interesse
Besondere Schwerpunkte: Handgeschicklichkeit, Sprachl. Begabung
H126, H129
Interessensgebiete: Fremdenverkehr, Fremdsprachen, Kaufm. Interesse, Sozialarbeit
Besondere Schwerpunkte: Handgeschicklichkeit

Interessensgebiet Fremdenverkehr und Handgeschicklichkeit
H112, H113, H114, H115, H122, H123, H125, H128
Interessensgebiete: Fremdenverkehr, Fremdsprachen, Kaufm. Interesse
Besondere Schwerpunkte: Handgeschicklichkeit, Sprachl. Begabung
H126, H129
Interessensgebiete: Fremdenverkehr, Fremdsprachen, Kaufm. Interesse, Sozialarbeit
Besondere Schwerpunkte: Handgeschicklichkeit

Interessensgebiet Fremdenverkehr und Kaufm. Interesse
H112, H113, H114, H115, H122, H123, H125, H128
Interessensgebiete: Fremdenverkehr, Fremdsprachen, Kaufm. Interesse
Besondere Schwerpunkte: Handgeschicklichkeit, Sprachl. Begabung
H126, H129
Interessensgebiete: Fremdenverkehr, Fremdsprachen, Kaufm. Interesse, Sozialarbeit
Besondere Schwerpunkte: Handgeschicklichkeit

Interessensgebiet Fremdenverkehr und Sozialarbeit
H126, H129
Interessensgebiete: Fremdenverkehr, Fremdsprachen, Kaufm. Interesse, Sozialarbeit
Besondere Schwerpunkte: Handgeschicklichkeit

Interessensgebiet Fremdenverkehr und Sprachl. Begabung
H112, H123
Interessensgebiete: Fremdenverkehr, Fremdsprachen, Kaufm. Interesse
Besondere Schwerpunkte: Handgeschicklichkeit, Sprachl. Begabung

Interessensgebiet Fremdsprachen

Interessensgebiet Fremdsprachen und Biologie
Siehe Interessensgebiet Biologie und Fremdsprachen

Interessensgebiet Fremdsprachen und Chemie/Physik
Siehe Interessensgebiet Chemie/Physik und Fremdsprachen

Interessensgebiet Fremdsprachen und EDV
Siehe Interessensgebiet EDV und Fremdsprachen

Interessensgebiet Fremdsprachen und Ernährung/Kochen
Siehe Interessensgebiet Ernährung/Kochen und Fremdsprachen

Interessensgebiet Fremdsprachen und Fremdenverkehr
Siehe Interessensgebiet Fremdenverkehr und Fremdsprachen

Interessensgebiet Fremdsprachen und Geometrie
H142, H154
Interessensgebiete: Fremdsprachen, Geometrie, Mathematik

Interessensgebiet Fremdsprachen und Kaufm. Interesse
H116
Interessensgebiete: Biologie, Fremdsprachen, Kaufm. Interesse
H 14, H70, H121, H169
Interessensgebiete: Fremdsprachen, Kaufm. Interesse

Interessensgebiet Fremdsprachen und Künstler. Gestalten
H141
Interessensgebiete: Fremdsprachen, Künstler. Gestalten, Mathematik

Interessensgebiet Fremdsprachen und Literatur/Geisteswiss.
H11
Interessensgebiete: EDV, Fremdsprachen, Literatur/Geisteswiss., Mathematik
H 8, H13, H16, H17
Interessensgebiete: Fremdsprachen, Literatur/Geisteswiss., Mathematik
H 9, H10
Interessensgebiete: Fremdsprachen, Literatur/Geisteswiss., Mathematik
Besondere Schwerpunkte: Sprachl. Begabung
H12
Interessensgebiete: Fremdsprachen, Literatur/Geisteswiss., Mathematik, Musik
Besondere Schwerpunkte: Musikal. Begabung

Interessensgebiet Fremdsprachen und Mathematik
H143, H149, H155
Interessensgebiete: Biologie, Fremdsprachen, Mathematik
H 157, H158
Interessensgebiete: Chemie/Physik, Fremdsprachen, Mathematik
H 11
Interessensgebiete: EDV, Fremdsprachen, Literatur/Geisteswiss., Mathematik
H 147, H156, H160, H161
Interessensgebiete: EDV, Fremdsprachen, Mathematik
H 142, H154
Interessensgebiete: Fremdsprachen, Geometrie, Mathematik
H 141
Interessensgebiete: Fremdsprachen, Künstler. Gestalten, Mathematik
H 8, H13, H16, H17
Interessensgebiete: Fremdsprachen, Literatur/Geisteswiss., Mathematik
H 9, H10
Interessensgebiete: Fremdsprachen, Literatur/Geisteswiss., Mathematik
Besondere Schwerpunkte: Sprachl. Begabung
H12
Interessensgebiete: Fremdsprachen, Literatur/Geisteswiss., Mathematik, Musik

Besondere Schwerpunkte: Musikal. Begabung
H2, H3, H4, H19, H22, H23, H146, H151, H159, H167, H168
Interessensgebiete: Fremdsprachen, Mathematik
H 18, H21, H138, H139, H150, H163
Interessensgebiete: Fremdsprachen, Mathematik
Besondere Schwerpunkte: Sport
H152
Interessensgebiete: Fremdsprachen, Mathematik
Besondere Schwerpunkte: Sprachl. Begabung
H20, H140, H144, H145, H148, H162
Interessensgebiete: Fremdsprachen, Mathematik, Musik
Besondere Schwerpunkte: Musikal. Begabung
H153, H166
Interessensgebiete: Fremdsprachen, Mathematik, Techn. Handwerk

Interessensgebiet Fremdsprachen und Musik (Musikal. Begabung)
H12
Interessensgebiete: Fremdsprachen, Literatur/Geisteswiss., Mathematik, Musik
Besondere Schwerpunkte: Musikal. Begabung
H20, H140, H144, H145, H148, H162
Interessensgebiete: Fremdsprachen, Mathematik, Musik
Besondere Schwerpunkte: Musikal. Begabung

Interessensgebiet Fremdsprachen und Sport
H18, H21, H138, H139, H150, H163
Interessensgebiete: Fremdsprachen, Mathematik
Besondere Schwerpunkte: Sport

Interessensgebiet Fremdsprachen und Sprachl. Begabung
H1, H136, H165
Interessensgebiete: Fremdsprachen
Besondere Schwerpunkte: Sprachl. Begabung
H9, H10
Interessensgebiete: Fremdsprachen, Literatur/Geisteswiss., Mathematik
Besondere Schwerpunkte: Sprachl. Begabung
H152
Interessensgebiete: Fremdsprachen, Mathematik
Besondere Schwerpunkte: Sprachl. Begabung

Interessensgebiet Fremdsprachen und Techn. Handwerk
H153, H166
Interessensgebiete: Fremdsprachen, Mathematik, Techn. Handwerk

Interessensgebiet Geometrie

Interessensgebiet Geometrie und Chemie/Physik
Siehe Interessensgebiet Chemie/Physik und Geometrie

Interessensgebiet Geometrie und EDV
Siehe Interessensgebiet EDV und Geometrie

Interessensgebiet Geometrie und Fremdsprachen
Siehe Interessensgebiet Fremdsprachen und Geometrie

Interessensgebiet Geometrie und Handgeschicklichkeit
H37
Interessensgebiete: Geometrie, Künstler. Gestalten
Besondere Schwerpunkte: Handgeschicklichkeit, Künstlerische Begabung
H97
Interessensgebiete: Geometrie, Künstler. Gestalten, Nähen und Textilwaren
Besondere Schwerpunkte: Handgeschicklichkeit

Interessensgebiet Geometrie und Künstler. Gestalten
H37
Interessensgebiete: Geometrie, Künstler. Gestalten
Besondere Schwerpunkte: Handgeschicklichkeit, Künstlerische Begabung
H34, H35, H36, H38, H39, H40, H41, H42, H73
Interessensgebiete: Geometrie, Künstler. Gestalten
Besondere Schwerpunkte: Künstlerische Begabung
H97
Interessensgebiete: Geometrie, Künstler. Gestalten, Nähen und Textilwaren
Besondere Schwerpunkte: Handgeschicklichkeit

Interessensgebiet Geometrie und Künstlerische Begabung
H37
Interessensgebiete: Geometrie, Künstler. Gestalten
Besondere Schwerpunkte: Handgeschicklichkeit, Künstlerische Begabung
H34, H35, H36, H38, H39, H40, H41, H42, H73

Interessensgebiete: Geometrie, Künstler. Gestalten
Besondere Schwerpunkte: Künstlerische Begabung

Interessensgebiet Geometrie und Mathematik
H142, H154
Interessensgebiete: Fremdsprachen, Geometrie, Mathematik

Interessensgebiet Geometrie und Nähen und Textilwaren
H97
Interessensgebiete: Geometrie, Künstler. Gestalten, Nähen und Textilwaren
Besondere Schwerpunkte: Handgeschicklichkeit

Kaufmännisches Interesse und Büro

Interessensgebiet Kaufmännisches Interesse und Bautechnik
Siehe Interessensgebiet Bautechnik und Kaufm. Interesse

Interessensgebiet Kaufmännisches Interesse und Biologie
Siehe Interessensgebiet Biologie und Kaufm. Interesse

Interessensgebiet Kaufmännisches Interesse und Chemie/Physik
Siehe Interessensgebiet Chemie/Physik und Kaufm. Interesse

Interessensgebiet Kaufmännisches Interesse und EDV
Siehe Interessensgebiet EDV und Kaufm. Interesse

Interessensgebiet Kaufmännisches Interesse und Elektrotechnik
Siehe Interessensgebiet EDV und Kaufm. Interesse

Interessensgebiet Kaufmännisches Interesse und Ernährung/Kochen
Siehe Interessensgebiet Ernährung/Kochen und Kaufm. Interesse

Interessensgebiet Kaufmännisches Interesse und Fremdenverkehr
Siehe Interessensgebiet Fremdenverkehr und Kaufm. Interesse

Interessensgebiet Kaufmännisches Interesse und Fremdsprachen
Siehe Interessensgebiet Fremdsprachen und Kaufm. Interesse

Interessensgebiet Kaufmännisches Interesse und Handgeschicklichkeit
H127, H130
Interessensgebiete: Biologie, Fremdenverkehr, Fremdsprachen, Kaufm. Interesse
Besondere Schwerpunkte: Handgeschicklichkeit
H28
Interessensgebiete: Bautechnik, Chemie/Physik, Kaufm. Interesse, Mathematik
Besondere Schwerpunkte: Handgeschicklichkeit, Techn. Verständnis
H124
Interessensgebiete: Ernährung/Kochen, Fremdenverkehr, Fremdsprachen, Kaufm. Interesse
Besondere Schwerpunkte: Handgeschicklichkeit
H112, H113, H114, H115, H122, H123, H125, H128
Interessensgebiete: Fremdenverkehr, Fremdsprachen, Kaufm. Interesse
Besondere Schwerpunkte: Handgeschicklichkeit, Sprachl. Begabung
H131
Interessensgebiete: Chemie/Physik, Elektrotechnik, Kaufm. Interesse, Maschinenbau, Mathematik, Techn. Handwerk
Besondere Schwerpunkte: Handgeschicklichkeit, Techn. Verständnis
H126, H129
Interessensgebiete: Fremdenverkehr, Fremdsprachen, Kaufm. Interesse, Sozialarbeit
Besondere Schwerpunkte: Handgeschicklichkeit

Interessensgebiet Kaufmännisches Interesse sowie Mathematik und Techn. Verständnis
H28
Interessensgebiete: Bautechnik, Chemie/Physik, Kaufm. Interesse, Mathematik
Besondere Schwerpunkte: Handgeschicklichkeit, Techn. Verständnis
H58, H133, H134
Interessensgebiete: Chemie/Physik, EDV, Kaufm. Interesse, Mathematik
Besondere Schwerpunkte: Techn. Verständnis
H131
Interessensgebiete: Chemie/Physik, Elektrotechnik, Kaufm. Interesse, Maschinenbau, Mathematik, Techn. Handwerk
Besondere Schwerpunkte: Handgeschicklichkeit, Techn. Verständnis
H109, H132, H135

Interessensgebiete: Chemie/Physik, Kaufm. Interesse, Mathematik, Nähen und Textilwaren
Besondere Schwerpunkte: Techn. Verständnis

Interessensgebiet Kaufmännisches Interesse sowie Maschinenbau und Techn. Handwerk
H131
Interessensgebiete: Chemie/Physik, Elektrotechnik, Kaufm. Interesse, Maschinenbau, Mathematik, Techn. Handwerk
Besondere Schwerpunkte: Handgeschicklichkeit, Techn. Verständnis
H109, H132, H135

Interessensgebiet Kaufmännisches Interesse sowie Nähen und Textilwaren
H109, H132, H135
Interessensgebiete: Chemie/Physik, Kaufm. Interesse, Mathematik, Nähen und Textilwaren
Besondere Schwerpunkte: Techn. Verständnis

Interessensgebiet Kaufmännisches Interesse und Sozialarbeit
H126, H129
Interessensgebiete: Fremdenverkehr, Fremdsprachen, Kaufm. Interesse, Sozialarbeit
Besondere Schwerpunkte: Handgeschicklichkeit

Interessensgebiet Kaufmännisches Interesse und Sprachliche Begabung
H112, H113, H114, H115, H122, H123, H125, H128
Interessensgebiete: Fremdenverkehr, Fremdsprachen, Kaufm. Interesse
Besondere Schwerpunkte: Handgeschicklichkeit, Sprachl. Begabung

Interessensgebiet Künstler. Gestalten

Interessensgebiet Künstler. Gestalten und Bautechnik
Siehe Interessensgebiet Bautechnik und Künstler. Gestalten

Interessensgebiet Künstler. Gestalten und Biologie
Siehe Interessensgebiet Biologie und Künstler. Gestalten

Interessensgebiet Künstler. Gestalten und Chemie/Physik
Siehe Interessensgebiet Chemie/Physik und Künstler. Gestalten

Interessensgebiet Künstler. Gestalten und EDV
Siehe Interessensgebiet EDV und Künstler. Gestalten

Interessensgebiet Künstler. Gestalten und Erziehung und Unterricht
Siehe Interessensgebiet Erziehung und Unterricht und Künstler. Gestalten

Interessensgebiet Künstler. Gestalten und Fremdsprachen
Siehe Interessensgebiet Fremdsprachen und Künstler. Gestalten

Interessensgebiet Künstler. Gestalten und Geometrie
Siehe Interessensgebiet Geometrie und Künstler. Gestalten

Interessensgebiet Künstler. Gestalten und Künstlerische Begabung
H65, H72, H74, H75, H76
Interessensgebiete: Künstler. Gestalten
Besondere Schwerpunkte: Künstlerische Begabung

Interessensgebiet Künstler. Gestalten und Land-/Forstwirtschaft
H64
Interessensgebiete: Biologie, Künstler. Gestalten, Land-/Forstwirtschaft
Besondere Schwerpunkte: Handgeschicklichkeit

Interessensgebiet Künstler. Gestalten und Mathematik
H141
Interessensgebiete: Fremdsprachen, Künstler. Gestalten, Mathematik

Interessensgebiet Künstler. Gestalten und Musik
H7
Interessensgebiete: Erziehung und Unterricht, Künstler. Gestalten, Musik

Künstlerische Begabung

Künstlerische Begabung, Handgeschicklichkeit sowie Interessensgebiete Geometrie und Künstler. Gestalten
H37
Interessensgebiete: Geometrie, Künstler. Gestalten
Besondere Schwerpunkte: Handgeschicklichkeit, Künstlerische Begabung

Interessensgebiet Land-/Forstwirtschaft

Interessensgebiet Land-/Forstwirtschaft und Biologie
Siehe Interessensgebiet Biologie und Land-/Forstwirtschaft

Interessensgebiet Land-/Forstwirtschaft sowie Ernährung und Kochen
Siehe Interessensgebiet Ernährung und Kochen und Land-/Forstwirtschaft

Interessensgebiet Land-/Forstwirtschaft sowie Künstler. Gestalten und Handgeschicklichkeit
Siehe Interessensgebiet Künstler. Gestalten und Land-/Forstwirtschaft

Interessensgebiet Land-/Forstwirtschaft und Maschinenbau
H 79
Interessensgebiete: Biologie, Land-/Forstwirtschaft, Maschinenbau, Mathematik, Techn. Handwerk

Interessensgebiet Land-/Forstwirtschaft und Mathematik
H 62
Interessensgebiete: Biologie, Land-/Forstwirtschaft, Mathematik
H 79
Interessensgebiete: Biologie, Land-/Forstwirtschaft, Maschinenbau, Mathematik, Techn. Handwerk

Interessensgebiet Land-/Forstwirtschaft und Nähen und Textilwaren
H78, H164
Interessensgebiete: Biologie, Land-/Forstwirtschaft, Nähen und Textilwaren

Interessensgebiet Literatur/Geisteswiss.

Interessensgebiet Literatur/Geisteswiss. und EDV
Siehe Interessensgebiet EDV und Literatur/Geisteswiss.

Interessensgebiet Literatur/Geisteswiss. und Fremdsprachen
Siehe Interessensgebiet Fremdsprachen und Literatur/Geisteswiss.

Interessensgebiet Literatur/Geisteswiss. und Mathematik
H11

Interessensgebiete: EDV, Fremdsprachen, Literatur/Geisteswiss., Mathematik
H 8, H13, H16, H17
Interessensgebiete: Fremdsprachen, Literatur/Geisteswiss., Mathematik

Interessensgebiet Literatur/Geisteswiss. und Musik bzw. Schulen mit Schwerpunkt Musik
H12
Interessensgebiete: Fremdsprachen, Literatur/Geisteswiss., Mathematik, Musik
Besondere Schwerpunkte: Musikal. Begabung

Interessensgebiet Literatur/Geisteswiss. und Sprachl. Begabung
H9, H10
Interessensgebiete: Fremdsprachen, Literatur/Geisteswiss., Mathematik
Besondere Schwerpunkte: Sprachl. Begabung

Interessensgebiet Maschinenbau

Allgemein: Das Interessensgebiet Maschinenbau setzt auch Interessen im Bereich Mathematik und Technisches Verständnis voraus.

Interessensgebiet Maschinenbau und Biologie
Siehe Interessensgebiet Biologie und Maschinenbau

Interessensgebiet Maschinenbau und Physik/Chemie sowie Handgeschicklichkeit
Siehe Interessensgebiet Physik/Chemie und Maschinenbau

Interessensgebiet Maschinenbau und EDV
Siehe Interessensgebiet EDV und Maschinenbau

Interessensgebiet Maschinenbau und Elektrotechnik
Siehe Interessensgebiet Elektrotechnik und Maschinenbau

Interessensgebiet Maschinenbau und Land-/Forstwirtschaft
Siehe Interessensgebiet Land-/Forstwirtschaft

Interessensgebiet Mathematik

Interessensgebiet Mathematik und Bautechnik
Siehe Interessensgebiet Bautechnik und Mathematik

Interessensgebiet Mathematik und Biologie
Siehe Interessensgebiet Biologie und Mathematik

Interessensgebiet Mathematik und Chemie/Physik
Siehe Interessensgebiet Chemie/Physik und Mathematik

Interessensgebiet Mathematik und EDV
Siehe Interessensgebiet EDV und Mathematik

Interessensgebiet Mathematik und Elektrotechnik
Siehe Interessensgebiet Elektrotechnik

Interessensgebiet Mathematik und Fremdsprachen
Siehe Interessensgebiet Fremdsprachen und Mathematik

Interessensgebiet Mathematik und Geometrie
Siehe Interessensgebiet Geometrie und Mathematik

Interessensgebiet Mathematik und Handgeschicklichkeit
Siehe alle Schulformen beim Interessensgebiet Chemie/Physik und Mathematik

Interessensgebiet Mathematik und Kaufmänn. Interesse
Siehe Interessensgebiet Kaufmänn. Interesse und Mathematik

Interessensgebiet Mathematik und Künstler. Gestalten
Siehe Interessensgebiet Künstler. Gestalten und Mathematik

Interessensgebiet Mathematik und Land-/Forstwirtschaft
Siehe Interessensgebiet Land-/Forstwirtschaft und Mathematik

Interessensgebiet Mathematik und Literatur/Geisteswiss.
Siehe Interessensgebiet Literatur/Geisteswiss. und Mathematik

Interessensgebiet Mathematik und Maschinenbau
Siehe Interessensgebiet Maschinenbau und Mathematik

Interessensgebiet Mathematik und Medizin und Krankenpflege
H54
Interessensgebiete: Chemie/Physik, Elektrotechnik, Mathematik, Medizin/Krankenpflege, Techn. Handwerk
Besondere Schwerpunkte: Handgeschicklichkeit, Techn. Verständnis

Interessensgebiet Mathematik und Musik
H12
Interessensgebiete: Fremdsprachen, Literatur/Geisteswiss., Mathematik, Musik
Besondere Schwerpunkte: Musikal. Begabung
H20, H140, H144, H145, H148, H162
Interessensgebiete: Fremdsprachen, Mathematik, Musik
Besondere Schwerpunkte: Musikal. Begabung

Interessensgebiet Mathematik und Nähen und Textilwaren
Siehe Interessensgebiet Physik/Chemie und Nähen und Textilwaren

Interessensgebiet Mathematik und Schulen mit Schwerpunkt Sport
H 18, H21, H138, H139, H150, H163
Interessensgebiete: Fremdsprachen, Mathematik
Besondere Schwerpunkte: Sport

Interessensgebiet Mathematik und Sprachl. Begabung
H 9, H10
Interessensgebiete: Fremdsprachen, Literatur/Geisteswiss., Mathematik
Besondere Schwerpunkte: Sprachl. Begabung
H152
Interessensgebiete: Fremdsprachen, Mathematik
Besondere Schwerpunkte: Sprachl. Begabung

Interessensgebiet Mathematik und Techn. Handwerk
H153, H166
Interessensgebiete: Fremdsprachen, Mathematik, Techn. Handwerk

Interessensgebiet Mathematik und Techn. Verständnis
Siehe alle Schulformen beim Interessensgebiet Chemie/Physik und Mathematik

Interessensgebiet Medizin und Krankenpflege

H54
Interessensgebiete: Chemie/Physik, Elektrotechnik, Mathematik, Medizin/Krankenpflege, Techn. Handwerk
Besondere Schwerpunkte: Handgeschicklichkeit, Techn. Verständnis

Ausbildungsgänge im Bereich Medizin beginnen in der Regel
- nach der 10.Schulstufe (Schulen für Gesundheits- und Krankenpflege) oder
- nach der Reife- bzw. Studienberechtigungsprüfung (medizinisch-technische Akademien bzw. Studium)

Weitere Informationen entnehmen Sie bitte der Broschüre „Bildungswege im helfenden Bereich"!

Interessensgebiet Musik

Interessensgebiet Musik und Erziehung und Unterricht
Siehe Interessensgebiet Erziehung und Unterricht und Musik

Interessensgebiet Musik und Fremdsprachen
Siehe Interessensgebiet Fremdsprachen und Musik (besondere musikalische Begabung)

Interessensgebiet Musik und Künstler. Gestalten
Siehe Interessensgebiet Künstler. Gestalten und Musik

Interessensgebiet Musik und Handgeschicklichkeit
Siehe alle Schulformen beim Interessensgebiet Erziehung und Unterricht und Musik

Interessensgebiet Musik und Literatur/Geisteswiss.
Siehe Interessensgebiet Literatur/Geisteswiss. und Musik

Interessensgebiet Musik und Mathematik
Siehe Interessensgebiet Mathematik und Musik

Interessensgebiet Nähen und Textilwaren

Interessensgebiet Nähen und Textilwaren ohne zusätzliche Spezifikation
H99, H100, H101, H102, H103, H104, H105, H106

Interessensgebiet Nähen und Textilwaren und Biologie
Siehe Interessensgebiet Biologie und Nähen und Textilwaren

Interessensgebiet Nähen und Textilwaren und Physik/Chemie bzw. Technisches Verständnis
Siehe Interessensgebiet Physik/Chemie und Nähen und Textilwaren

Interessensgebiet Nähen und Textilwaren und EDV
Siehe Interessensgebiet EDV und Nähen und Textilwaren

Interessensgebiet Nähen und Textilwaren und Geometrie
Siehe Interessensgebiet Geometrie und Nähen und Textilwaren

Interessensgebiet Nähen und Textilwaren und Handgeschicklichkeit
H111
Interessensgebiete: Chemie/Physik, Geometrie, Mathematik, Nähen und Textilwaren
Besondere Schwerpunkte: Handgeschicklichkeit, Techn. Verständnis
H110
Interessensgebiete: Chemie/Physik, Künstler. Gestalten, Mathematik, Nähen und Textilwaren
Besondere Schwerpunkte: Handgeschicklichkeit, Techn. Verständnis
H98
Interessensgebiete: EDV, Geometrie, Künstler. Gestalten, Nähen und Textilwaren
Besondere Schwerpunkte: Handgeschicklichkeit
H97
Interessensgebiete: Geometrie, Künstler. Gestalten, Nähen und Textilwaren
Besondere Schwerpunkte: Handgeschicklichkeit

Interessensgebiet Nähen und Textilwaren und Land-/Forstwirtschaft
Siehe Interessensgebiet Land-/Forstwirtschaft und Nähen und Textilwaren

Interessensgebiet Nähen und Textilwaren und Mathematik
Siehe Interessensgebiet Mathematik und Nähen und Textilwaren

Schulen mit Schwerpunkt Musik

H12
Interessensgebiete: Fremdsprachen, Literatur/Geisteswiss., Mathematik, Musik
Besondere Schwerpunkte: Musikal. Begabung
H20, H140, H144, H145, H148, H162
Interessensgebiete: Fremdsprachen, Mathematik, Musik
Besondere Schwerpunkte: Musikal. Begabung

Schulen mit Schwerpunkt Sport

H 18, H21, H138, H139, H150, H163
Interessensgebiete: Fremdsprachen, Mathematik
Besondere Schwerpunkte: Sport

Liste der Schulformen

Höhere Schulen ab der 9.Schulstufe

H1 American International School, High School
4 Jahre, Standort(e) in W
H2 Aufbaugymnasium, 5. – 8. Klasse
4 Jahre, Standort(e) in NÖ
H3 Aufbaurealgymnasium, 5. – 8. Klasse
4 Jahre, Standort(e) in NÖ, T
H4 Autonome Oberstufe, 5. – 8. Klasse, Schulversuch gemäß § 7 SchOG
4 Jahre, Standort(e) in OÖ, St
H5 Bildungsanstalt für Kindergartenpädagogik
5 Jahre, Standort(e) in B, K, NÖ, OÖ, S, St, T, V, W
H6 Bildungsanstalt für Kindergartenpädagogik, zusätzliche Ausbildung zum Erzieher an Horten
5 Jahre, Standort(e) in B, K, NÖ, OÖ, S, St, W

H7 Bildungsanstalt für Sozialpädagogik
5 Jahre, Standort(e) in NÖ

H8 Gymnasium für Slowenen, 5. – 8. Klasse
4 Jahre, Standort(e) in K

H9 Gymnasium mit 2. lebender Fremdsprache ab der 3. Klasse, 5. – 8. Klasse, Schulversuch gemäß § 7 SchOG
4 Jahre, Standort(e) in B, K, NÖ, S, St, T, W

H10 Gymnasium mit 3. lebender Fremdsprache, Theresianische Akademie
4 Jahre, Standort(e) in W

H11 Gymnasium unter besonderer Berücksichtigung der Informatik, 5. – 8. Klasse, Schulversuch gemäß § 7 SchOG
4 Jahre, Standort(e) in NÖ

H12 Gymnasium unter besonderer Berücksichtigung der musischen Ausbildung, 5. – 8. Klasse
4 Jahre, Standort(e) in NÖ, S

H13 Gymnasium, 5. - 8. Klasse
4 Jahre, Standort(e) in B, K, NÖ, OÖ, S, St, T, V, W

H14 Handelsakademie
5 Jahre, Standort(e) in B, K, NÖ, OÖ, S, St, T, V, W

H15 Handelsakademie (LP 1988, auslaufend)
5 Jahre, Standort(e) in B, K, NÖ, OÖ, S, St, T, V, W

H16 Höhere Internatsschule, Gymnasium mit vier obligatorischen Fremdsprachen, 5. – 8. Klasse, Schulversuch gemäß § 7 SchOG
4 Jahre, Standort(e) in St

H17 Höhere Internatsschule, Gymnasium, 5. – 8. Klasse
4 Jahre, Standort(e) in S, St, W

H18 Höhere Internatsschule, Oberstufenrealgymnasium unter besonderer Berücksichtigung der sportlichen Ausbildung, 5. – 8. Klasse
4 Jahre, Standort(e) in St

H19 Höhere Internatsschule, Realgymnasium für Schüler der Ballettschule der Österr. Bundestheater, 5. – 8. Klasse, Schulversuch gemäß § 7 SchOG
4 Jahre, Standort(e) in W

H20 Höhere Internatsschule, Realgymnasium unter besonderer Berücksichtigung der musischen Ausbildung, 5. – 8. Klasse
4 Jahre, Standort(e) in W

H21 Höhere Internatsschule, Realgymnasium unter besonderer Berücksichtigung der sportlichen Ausbildung, 5. – 8. Klasse
4 Jahre, Standort(e) in S

H22 Höhere Internatsschule, Realgymnasium, 5. - 8. Klasse
4 Jahre, Standort(e) in OÖ

H23 Höhere Internatsschule, Wirtschaftskundliches Realgymnasium, 5. - 8. Klasse
4 Jahre, Standort(e) in OÖ

H24 Höhere Lehranstalt für allgemeine Landwirtschaft
5 Jahre, Standort(e) in NÖ, OÖ

H25 Höhere Lehranstalt für alpenländische Landwirtschaft
5 Jahre, Standort(e) in S, St

H26 Höhere Lehranstalt für Bautechnik – Restaurierung und Ortsbildpflege, Schulversuch gemäß § 7 SchOG
5 Jahre, Standort(e) in NÖ

H27 Höhere Lehranstalt für Bautechnik – Umwelttechnik, Schulversuch gemäß § 7 SchOG
5 Jahre, Standort(e) in NÖ

H28 Höhere Lehranstalt für Bautechnik, Ausbildungszweig Bauwirtschaft, Schulversuch gemäß § 7 SchOG
5 Jahre, Standort(e) in OÖ

H29 Höhere Lehranstalt für Bautechnik, Ausbildungszweig Hochbau (III. – V. Jahrgang)
5 Jahre, Standort(e) in B, K, NÖ, OÖ, S, St, T, V, W

H30 Höhere Lehranstalt für Bautechnik, Ausbildungszweig Tiefbau (III. – V. Jahrgang)
5 Jahre, Standort(e) in B, K, NÖ, OÖ, S, St, T, V, W

H31 Höhere Lehranstalt für Bautechnik, Ausbildungszweig Tiefbau – Holzbau (IV. und V. Jahrgang), Schulversuch gemäß § 7 SchOG
5 Jahre, Standort(e) in St, T

H32 Höhere Lehranstalt für Betriebsmanagement, Ausbildungsschwerpunkt Marketing und Controlling, SV gem. § 7 SchOG
4 Jahre, Standort(e) in W

H33 Höhere Lehranstalt für Betriebsmanagement, Ausbildungsschwerpunkt Produktionstechnik, SV gem. § 7 SchOG
4 Jahre, Standort(e) in W

H34 Höhere Lehranstalt für bildnerische Gestaltung, Fachrichtung Audiovisuelle Medien, Schulversuch gemäß § 7 SchOG
5 Jahre, Standort(e) in St

H35 Höhere Lehranstalt für bildnerische Gestaltung, Fachrichtung Dekorative Gestaltung, Schulversuch gemäß § 7 SchOG
5 Jahre, Standort(e) in St

H36 Höhere Lehranstalt für bildnerische Gestaltung, Fachrichtung Graphik – Design, Schulversuch gemäß § 7 SchOG
5 Jahre, Standort(e) in St

H37 Höhere Lehranstalt für bildnerische Gestaltung, Fachrichtung Keramische Formgebung, Schulversuch gemäß § 7 SchOG
5 Jahre, Standort(e) in St

H38 Höhere Lehranstalt für bildnerische Gestaltung, Fachrichtung Metallgestaltung, Schulversuch gemäß § 7 SchOG
5 Jahre, Standort(e) in St

H39 Höhere Lehranstalt für bildnerische Gestaltung, Fachrichtung Plastische Formgebung, Schulversuch gemäß § 7 SchOG
5 Jahre, Standort(e) in St

H40 Höhere Lehranstalt für bildnerische Gestaltung, Fachrichtung Raumgestaltung, Schulversuch gemäß § 7 SchOG
5 Jahre, Standort(e) in St

H41 Höhere Lehranstalt für bildnerische Gestaltung, Fachrichtung Textiles Design, Schulversuch gemäß § 7 SchOG
5 Jahre, Standort(e) in St

H42 Höhere Lehranstalt für bildnerische Gestaltung, Schulversuch gemäß § 7 SchOG
5 Jahre, Standort(e) in St

H43 Höhere Lehranstalt für Chemie, Ausbildungsschwerpunkt Biochemie, Bio- und Gentechnologie
5 Jahre, Standort(e) in W

H44 Höhere Lehranstalt für Chemie, Ausbildungsschwerpunkt Leder- und Naturstofftechnologie
5 Jahre, Standort(e) in W

H45 Höhere Lehranstalt für Chemie, Ausbildungsschwerpunkt Oberflächentechnik
5 Jahre, Standort(e) in W

H46 Höhere Lehranstalt für Chemie, Ausbildungsschwerpunkt Technische Chemie - Umwelttechnik
5 Jahre, Standort(e) in W

H47 Höhere Lehranstalt für Chemie, Ausbildungszweig Biochemie, Biotechnologie und Gentechnik (auslaufend)
5 Jahre, Standort(e) in W

H48 Höhere Lehranstalt für Chemie, Ausbildungszweig Oberflächentechnik, Schulversuch gemäß § 7 SchOG (auslaufend)
5 Jahre, Standort(e) in W

H49 Höhere Lehranstalt für Chemie, Ausbildungszweig Technische Chemie (auslaufend)
5 Jahre, Standort(e) in W

H50 Höhere Lehranstalt für Chemie-Ingenieurwesen, Ausbildungsschwerpunkt Textilchemie, Schulversuch gemäß § 7 SchOG
5 Jahre, Standort(e) in V

H51 Höhere Lehranstalt für Chemie-Ingenieurwesen, Ausbildungsschwerpunkt Umwelttechnik, Schulversuch gemäß § 7 SchOG
5 Jahre, Standort(e) in V

H52 Höhere Lehranstalt für chemische Betriebstechnik
5 Jahre, Standort(e) in OÖ

H53 Höhere Lehranstalt für Elektronik, Ausbildungszweig Automatisierung, Schulversuch gemäß § 7 SchOG
5 Jahre, Standort(e) in NÖ

H54 Höhere Lehranstalt für Elektronik, Ausbildungszweig Biomedizinische Technik
5 Jahre, Standort(e) in W

H55 Höhere Lehranstalt für Elektronik, Ausbildungszweig Nachrichtentechnik
5 Jahre, Standort(e) in K, NÖ, OÖ, St, T, V, W

H56 Höhere Lehranstalt für Elektronik, Ausbildungszweig Technische Informatik
5 Jahre, Standort(e) in K, NÖ, OÖ, S, St, V, W

H57 Höhere Lehranstalt für elektronische Datenverarbeitung und Betriebstechnik, Schulversuch gemäß § 7 SchOG (auslaufend)
5 Jahre, Standort(e) in W

H58 Höhere Lehranstalt für elektronische Datenverarbeitung und Organisation
5 Jahre, Standort(e) in B, K, NÖ, OÖ, W

H59 Höhere Lehranstalt für Elektrotechnik, Ausbildungszweig Energietechnik und Leistungselektronik
5 Jahre, Standort(e) in K, NÖ, OÖ, S, St, T, V, W

H60 Höhere Lehranstalt für Elektrotechnik, Ausbildungszweig Steuerungs- und Regelungstechnik
5 Jahre, Standort(e) in B, NÖ, St, W

H61 Höhere Lehranstalt für Feinwerktechnik, Schulversuch gemäß § 7 SchOG
5 Jahre, Standort(e) in NÖ

H62 Höhere Lehranstalt für Forstwirtschaft
5 Jahre, Standort(e) in NÖ, St

H63 Höhere Lehranstalt für Fotografie und visuelle Medien, Schulversuch gemäß § 7 SchOG
5 Jahre, Standort(e) in W

H64 Höhere Lehranstalt für Gartenbau, Ausbildungszweig Garten- und Landschaftsgestaltung
5 Jahre, Standort(e) in W

H65 Höhere Lehranstalt für Grafik-Design, Schulversuch gemäß § 7 SchOG
5 Jahre, Standort(e) in OÖ, T, W

H66 Höhere Lehranstalt für Holztechnik, Schulversuch gemäß § 7 SchOG
5 Jahre, Standort(e) in NÖ

H67 Höhere Lehranstalt für Holzwirtschaft, Ausbildungszweig Holztechnologie
5 Jahre, Standort(e) in S

H68 Höhere Lehranstalt für Holzwirtschaft, Ausbildungszweig Sägetechnik
5 Jahre, Standort(e) in S

H69 Höhere Lehranstalt für Keramik, Glas und Baustofftechnik, Schulversuch gemäß § 7 SchOG
5 Jahre, Standort(e) in W

H70 Höhere Lehranstalt für Kultur- und Kongressmanagement
5 Jahre, Standort(e) in NÖ, OÖ

H71 Höhere Lehranstalt für Kultur- und Kongressmanagement, Schulversuch gemäß § 7 SchOG (auslaufend)
5 Jahre, Standort(e) in NÖ, OÖ

H72 Höhere Lehranstalt für Kunstgewerbe (auslaufend)
4 Jahre, Standort(e) in W

H73 Höhere Lehranstalt für Kunstgewerbe, Schwerpunkt textiles und dekoratives Gestalten, SV gemäß § 7 SchOG (auslaufend)
4 Jahre, Standort(e) in OÖ

H74 Höhere Lehranstalt für künstlerische Gestaltung, Ausbildungsschwerpunkt Gestaltung und Ausstattung
3 Jahre, Standort(e) in OÖ

H75 Höhere Lehranstalt für künstlerische Gestaltung, Ausbildungsschwerpunkt Plastisches Gestalten
3 Jahre, Standort(e) in W

H76 Höhere Lehranstalt für künstlerische Gestaltung, Ausbildungsschwerpunkt Textiles Gestalten
3 Jahre, Standort(e) in W

H77 Höhere Lehranstalt für Kunststofftechnik
5 Jahre, Standort(e) in St, W

H78 Höhere Lehranstalt für Land- und Ernährungswirtschaft
5 Jahre, Standort(e) in K, NÖ, OÖ, T

H79 Höhere Lehranstalt für Landtechnik
5 Jahre, Standort(e) in NÖ

H80 Höhere Lehranstalt für Lebensmitteltechnologie, Ausbildungszweig Fleischwirtschaft (Lehrplan 97)
5 Jahre, Standort(e) in NÖ

H81 Höhere Lehranstalt für Lebensmitteltechnologie, Ausbildungszweig Fleischwirtschaft, SV gemäß § 7 SchOG (auslaufend)
5 Jahre, Standort(e) in NÖ

H82 Höhere Lehranstalt für Lebensmitteltechnologie, Ausbildungszweig Getreidewirtschaft (Lehrplan 97)
5 Jahre, Standort(e) in OÖ

H83 Höhere Lehranstalt für Lebensmitteltechnologie, Ausbildungszweig Getreidewirtschaft, SV gemäß § 7 SchOG (auslaufend)
5 Jahre, Standort(e) in OÖ

H84 Höhere Lehranstalt für Maschinenbau – Flugtechnik
5 Jahre, Standort(e) in B

H85 Höhere Lehranstalt für Maschinenbau – Gießereitechnik
5 Jahre, Standort(e) in W

H86 Höhere Lehranstalt für Maschinenbau – Kraftfahrzeugbau
5 Jahre, Standort(e) in NÖ, OÖ, W

H87 Höhere Lehranstalt für Maschinenbau – Technische Gebäudeausrüstung und Energieplanung
5 Jahre, Standort(e) in B, OÖ, T

H88 Höhere Lehranstalt für Maschinenbau – Werkstofftechnologie
5 Jahre, Standort(e) in B

H89 Höhere Lehranstalt für Maschinenbau, Ausbildungszweig Allgemeiner Maschinenbau
5 Jahre, Standort(e) in B, K, NÖ, OÖ, S, St, W

H90 Höhere Lehranstalt für Maschinenbau, Ausbildungszweig Automatisierungstechnik
5 Jahre, Standort(e) in K, NÖ, OÖ, T, V, W

H91 Höhere Lehranstalt für Maschinenbau, Ausbildungszweig Fertigungstechnik
5 Jahre, Standort(e) in K, T

H92 Höhere Lehranstalt für Maschinenbau, Ausbildungszweig Hüttentechnik
5 Jahre, Standort(e) in St

H93 Höhere Lehranstalt für Maschinenbau, Ausbildungszweig Umwelttechnik
5 Jahre, Standort(e) in NÖ, St, W

H94 Höhere Lehranstalt für Maschinenbau, Ausbildungszweig Waffentechnik
5 Jahre, Standort(e) in K

H95 Höhere Lehranstalt für Milchwirtschaft und Lebensmitteltechnologie
5 Jahre, Standort(e) in NÖ

H96 Höhere Lehranstalt für Möbelbau und Innenausbau
5 Jahre, Standort(e) in K, NÖ, OÖ, T

H97 Höhere Lehranstalt für Mode und Bekleidungstechnik (auslaufend)
5 Jahre, Standort(e) in NÖ

H98 Höhere Lehranstalt für Mode und Bekleidungstechnik mit EDV-unterstütztem Fachunterricht, SV gemäß § 7 SchOG (auslaufend)
5 Jahre, Standort(e) in B, K, NÖ, OÖ, S, St, T, W

H99 Höhere Lehranstalt für Mode und Bekleidungstechnik, Ausbildungsschwerpunkt Bekleidungstechnik
5 Jahre, Standort(e) in NÖ, OÖ, St

H100 Höhere Lehranstalt für Mode und Bekleidungstechnik, Ausbildungsschwerpunkt Modedesign
5 Jahre, Standort(e) in B, K, OÖ, S, St, W

H101 Höhere Lehranstalt für Mode und Bekleidungstechnik, Ausbildungsschwerpunkt Modemarketing
5 Jahre, Standort(e) in NÖ, OÖ, S, T, W

H102 Höhere Lehranstalt für Modedesign und Produktgestaltung, Ausbildungsschwerpunkt Kleidermachen, Schulversuch gemäß § 7 SchOG
5 Jahre, Standort(e) in W

H103 Höhere Lehranstalt für Modedesign und Produktgestaltung, Ausbildungsschwerpunkt Modell-Lederwaren, SV gemäß § 7 SchOG
5 Jahre, Standort(e) in W

H104 Höhere Lehranstalt für Modedesign und Produktgestaltung, Ausbildungsschwerpunkt Modell-Modisterei, SV gemäß § 7 SchOG
4 Jahre, Standort(e) in W

H105 Höhere Lehranstalt für Modedesign und Produktgestaltung, Ausbildungsschwerpunkt Strick- und Wirkmode, Schulversuch gemäß § 7 SchOG
4 Jahre, Standort(e) in W

H106 Höhere Lehranstalt für Modedesign und Produktgestaltung, Ausbildungsschwerpunkt Textil, Schulversuch gemäß § 7 SchOG
4 Jahre, Standort(e) in W

H107 Höhere Lehranstalt für Reproduktions- und Drucktechnik
5 Jahre, Standort(e) in W

H108 Höhere Lehranstalt für Textil-Design
5 Jahre, Standort(e) in W

H109 Höhere Lehranstalt für Textilbetriebstechnik und -betriebsinformatik, Ausbildungszweig Textilmanagement, SV § 7 SchOG (ausl.)
5 Jahre, Standort(e) in V

H110 Höhere Lehranstalt für Textilbetriebstechnik und -betriebsinformatik, Ausbildungszweig Textiltechnik, SV g. § 7 SchOG (ausl.)
5 Jahre, Standort(e) in V

H111 Höhere Lehranstalt für Textilchemie (auslaufend)
5 Jahre, Standort(e) in V

H112 Höhere Lehranstalt für Tourismus, Ausbildungsschwerpunkt: Dritte lebende Fremdsprache
5 Jahre, Standort(e) in B, K, NÖ, OÖ, St, T, V

H113 Höhere Lehranstalt für Tourismus, Ausbildungsschwerpunkt: Fremdsprachen und Wirtschaft
5 Jahre, Standort(e) in NÖ

H114 Höhere Lehranstalt für Tourismus, Ausbildungsschwerpunkt: Hotelmanagement
5 Jahre, Standort(e) in B, K, NÖ, OÖ, S, V, W

H115 Höhere Lehranstalt für Tourismus, Ausbildungsschwerpunkt: Touristisches Management
5 Jahre, Standort(e) in NÖ, OÖ, S, St, W

H116 Höhere Lehranstalt für Umwelt und Wirtschaft
5 Jahre, Standort(e) in NÖ

H117 Höhere Lehranstalt für Umwelt und Wirtschaft, Schulversuch gemäß § 7 SchOG (auslaufend)
5 Jahre, Standort(e) in NÖ, V

H118 Höhere Lehranstalt für Wein- und Obstbau
5 Jahre, Standort(e) in NÖ

H119 Höhere Lehranstalt für Werkstoffingenieurwesen, Ausbildungsschwerpunkt Kunststoff- und Umwelttechnik, SV gemäß § 7 SchOG
3 Jahre, Standort(e) in St

H120 Höhere Lehranstalt für wirtschaftliche Berufe mit Schwerpunkt Kultur- und Kongressmanagement, Schulversuch gemäß § 7 SchOG (auslaufend)
4 Jahre, Standort(e) in OÖ

H121 Höhere Lehranstalt für wirtschaftliche Berufe mit Unterrichtssprache Deutsch und Slowenisch, Schulversuch gemäß § 7 SchOG
5 Jahre, Standort(e) in K

H122 Höhere Lehranstalt für wirtschaftliche Berufe, Ausbildungsschwerpunkt: Betriebsorganisation und Wirtschaftsleitung
5 Jahre, Standort(e) in B, W

H123 Höhere Lehranstalt für wirtschaftliche Berufe, Ausbildungsschwerpunkt: Dritte lebende Fremdsprache
5 Jahre, Standort(e) in K, NÖ, OÖ, S, St, T, V, W

H124 Höhere Lehranstalt für wirtschaftliche Berufe, Ausbildungsschwerpunkt: Ernährungs- und Betriebswirtschaft
5 Jahre, Standort(e) in B, K, NÖ, OÖ, St, V

H125 Höhere Lehranstalt für wirtschaftliche Berufe, Ausbildungsschwerpunkt: Fremdsprachen und Wirtschaft
5 Jahre, Standort(e) in B, K, NÖ, OÖ, S, St, T, V, W

H126 Höhere Lehranstalt für wirtschaftliche Berufe, Ausbildungsschwerpunkt: Gesundheit und Soziales
5 Jahre, Standort(e) in K, NÖ

H127 Höhere Lehranstalt für wirtschaftliche Berufe, Ausbildungsschwerpunkt: Humanökologie
5 Jahre, Standort(e) in NÖ, OÖ, St, T

H128 Höhere Lehranstalt für wirtschaftliche Berufe, Ausbildungsschwerpunkt: Kulturtouristik
5 Jahre, Standort(e) in B, K, NÖ, OÖ, S, St, T, W

H129 Höhere Lehranstalt für wirtschaftliche Berufe, Ausbildungsschwerpunkt: Sozialverwaltung
5 Jahre, Standort(e) in K, NÖ, St, W

H130 Höhere Lehranstalt für wirtschaftliche Berufe, Ausbildungsschwerpunkt: Umweltökonomie
5 Jahre, Standort(e) in K, NÖ, OÖ, S, St, T, W

H131 Höhere Lehranstalt für Wirtschaftsingenieurwesen
5 Jahre, Standort(e) in K, NÖ, OÖ, S, St, T, V, W

H132 Höhere Lehranstalt für Wirtschaftsingenieurwesen, Ausbildungszweig Bekleidungstechnik, Schulversuch gemäß § 7 SchOG
5 Jahre, Standort(e) in V

H133 Höhere Lehranstalt für Wirtschaftsingenieurwesen, Ausbildungszweig Betriebsinformatik
5 Jahre, Standort(e) in T, W

H134 Höhere Lehranstalt für Wirtschaftsingenieurwesen, Ausbildungszweig Betriebsinformatik, Schulversuch gemäß § 7 SchOG
5 Jahre, Standort(e) in V

H135 Höhere Lehranstalt für Wirtschaftsingenieurwesen, Ausbildungszweig Textilmanagement, Schulversuch gemäß § 7 SchOG
5 Jahre, Standort(e) in V

H136 Lycee Francais (9. - 12. Schulstufe)
4 Jahre, Standort(e) in W

H137 Neue Handelsakademie, Schulversuch gemäß § 7 SchOG (auslaufend)
5 Jahre, Standort(e) in B, K, NÖ, OÖ, S, St, T, V, W

H138 Oberstufenrealgymnasium für Leistungssportler, 5. – 9. Klasse, Schulversuch gemäß § 7 SchOG
5 Jahre, Standort(e) in K, OÖ, S, St, T, W

H139 Oberstufenrealgymnasium für Schisportler, 5. – 9. Klasse, Schulversuch gemäß § 7 SchOG
5 Jahre, Standort(e) in T

H140 Oberstufenrealgymnasium für Studierende der Musik, 5. – 9. Klasse
5 Jahre, Standort(e) in B, OÖ, St, T, V, W

H141 Oberstufenrealgymnasium mit Bildnerischem Gestalten und Werkerziehung, 5. – 8. Klasse
4 Jahre, Standort(e) in K, NÖ, OÖ, St, T, V, W

H142 Oberstufenrealgymnasium mit Darstellender Geometrie, 7. und 8. Klasse
4 Jahre, Standort(e) in B, K, OÖ, S, St, T, W

H143 Oberstufenrealgymnasium mit ergänzendem Unterricht in Biologie, 7. und 8. Klasse
4 Jahre, Standort(e) in B, K, NÖ, OÖ, S, St, T, V, W

H144 Oberstufenrealgymnasium mit Instrumentalunterricht und verstärkter musikal. Ausbildung, 5. – 8. Klasse, Schulversuch gemäß § 7 SchOG
4 Jahre, Standort(e) in OÖ

H145 Oberstufenrealgymnasium mit Instrumentalunterricht, 5. – 8. Klasse
4 Jahre, Standort(e) in B, K, NÖ, OÖ, S, St, T, V, W

H146 Oberstufenrealgymnasium mit Schwerpunkt Gesundes Leben, 5. – 8. Klasse, Schulversuch gemäß § 7 SchOG
4 Jahre, Standort(e) in T

H147 Oberstufenrealgymnasium unter besonderer Berücksichtigung der Informatik, Schulversuch gemäß § 7 SchOG
4 Jahre, Standort(e) in B, K, NÖ, OÖ, S, St, W

H148 Oberstufenrealgymnasium unter besonderer Berücksichtigung der musischen Ausbildung, 5. – 8. Klasse
4 Jahre, Standort(e) in NÖ, OÖ, W

H149 Oberstufenrealgymnasium unter besonderer Berücksichtigung der Ökologie, Schulversuch gemäß § 7 SchOG
4 Jahre, Standort(e) in NÖ, T

H150 Oberstufenrealgymnasium unter besonderer Berücksichtigung der sportlichen Ausbildung, 5. – 8. Klasse
4 Jahre, Standort(e) in B, K, NÖ, OÖ, S, St, T, V, W

H151 Realgymnasium für Slowenen, 5. – 8. Klasse
4 Jahre, Standort(e) in K

H152 Realgymnasium mit 2. lebender Fremdsprache ab der 3. Klasse, 5. – 8. Klasse, Schulversuch gemäß § 7 SchOG
4 Jahre, Standort(e) in B, K, NÖ, OÖ, W

H153 Realgymnasium mit Ausbildung in Metallurgie, 5. - 9. Klasse
5 Jahre, Standort(e) in T

H154 Realgymnasium mit Darstellender Geometrie, 7. und 8. Klasse
4 Jahre, Standort(e) in B, K, NÖ, OÖ, S, St, T, V, W

H155 Realgymnasium mit ergänzendem Unterricht in Biologie, 7. und 8. Klasse
4 Jahre, Standort(e) in B, K, NÖ, OÖ, S, St, T, W

H156 Realgymnasium mit Informatik, 5. – 8. Klasse, Schulversuch gemäß §7 SchOG
4 Jahre, Standort(e) in S, St

H157 Realgymnasium mit naturwissenschaftlichem Schwerpunkt, 5. – 8. Klasse, Schulversuch gemäß § 7 SchOG
4 Jahre, Standort(e) in K, NÖ, OÖ, St, W

H158 Realgymnasium mit technischem Schwerpunkt, 5. – 8. Klasse, Schulversuch gemäß § 7 SchOG
4 Jahre, Standort(e) in T

H159 Realgymnasium und wirtschaftskundliches Realgymnasium, Gemeinsame Führung in einer Oberstufenform, SV gem. § 7 SchOG
4 Jahre, Standort(e) in NÖ

H160 Realgymnasium unter besonderer Berücksichtigung der Informatik mit 2. lebender Fremdsprache, 5. – 8. Klasse, SV gemäß § 7 SchOG
4 Jahre, Standort(e) in V

H161 Realgymnasium unter besonderer Berücksichtigung der Informatik, 5. – 8. Klasse, Schulversuch gemäß § 7 SchOG
4 Jahre, Standort(e) in K, NÖ, OÖ, S

H162 Realgymnasium unter besonderer Berücksichtigung der musischen Ausbildung, 5. – 8. Klasse
4 Jahre, Standort(e) in K, NÖ, St

H163 Realgymnasium unter besonderer Berücksichtigung der sportlichen Ausbildung, 5. – 8. Klasse
4 Jahre, Standort(e) in K, NÖ, OÖ, T, W

H164 Sonderform der höheren Lehranstalt für Land- und Ernährungswirtschaft (vierjährig)
4 Jahre, Standort(e) in K, St

H165 Vienna International School (10. – 13. Schulstufe)
4 Jahre, Standort(e) in W

H166 Werkschulheim, 5. – 9. Klasse
5 Jahre, Standort(e) in S

H167 Wirtschaftskundliches Realgymnasium, 5. – 8. Klasse
4 Jahre, Standort(e) in K, NÖ, OÖ, S, St, W

H168 Wirtschaftskundliches Realgymnasium, 5. – 8. Klasse, Schulversuch gemäß § 7 SchOG
4 Jahre, Standort(e) in NÖ, T

H169 Zweisprachige Handelsakademie
5 Jahre, Standort(e) in B, K

Welche mittlere Schule nach der Hauptschule oder AHS-Unterstufe kommt für mich in Frage?

➔ Dieses Kapitel ist für Sie wichtig, wenn Sie nach der **Hauptschule** den Besuch einer berufsbildenden mittleren Schule in Erwägung ziehen.

➔ Wenn Sie die **AHS-Unterstufe** besuchen, aber für nachher eine mehr praktische Ausbildung suchen, kann dieses Kapitel Anregungen liefern, welche berufsbildende mittlere Schulen für Sie (als Alternative zur Fortsetzung der AHS) in Betracht kommen könnten.

Polytechnische Schule (PTS)

Grundsätzliches
Die einjährige Polytechnische Schule ist speziell jenen Schülerinnen und Schülern zu empfehlen, die unmittelbar nach der allgemeinen Schulpflicht eine Ausbildung in einem Lehrberuf anstreben. Vor der Entscheidung zum Besuch einer berufsbildenden mittleren Schule sollte man auch immer diese Alternative in Erwägung ziehen. Nach erfolgreichem Besuch der Polytechnischen Schule entfällt eine eventuell sonst notwendige Aufnahmsprüfung in eine berufsbildende mittlere oder höhere Schule. Es können daher in manchen Fällen auch die Erfolgsaussichten für eine weitere Schulbildung verbessert werden.

Aufgabe der Polytechnischen Schule
Die Schülerinnen und Schüler werden auf das weitere Leben, insbesondere auf das Berufsleben, durch Vertiefung der Allgemeinbildung, Berufsorientierung und Berufsgrundbildung vorbereitet. Sie sollen je nach Interesse, Neigung, Begabung und Fähigkeit zu einem möglichst qualifizierten Übertritt in die duale Berufsausbildung (Lehrlingsausbildung) sowie in weiterführende Schulen befähigt werden.

Erfolgsquoten
Laut einer zu Ende des Schuljahres 1997/98 durchgeführten österreichweiten Erhebung (herausgegeben von BMUK, Ref I/9a) hatten 82% der Absolventen zu Schulschluss bereits eine Zusage für einen Lehrplatz bzw. gute Aussichten darauf. 6% traten in weiterführende Schulen ein. Es bestehen jedoch große regionale Unterschiede: Während z. B. in der Steiermark 87% eine Zusage für einen Lehrberuf hatten und 4% beabsichtigten, in eine weiterführende Schule einzutreten, waren es in Wien nur 66% mit fixer Lehrplatzzusage und 13%, die beabsichtigten, eine weiterführende Schule zu besuchen.
Etwa jeder zehnte Absolvent hat laut der zitierten Studie größere Probleme, den gewünschten Ausbildungsweg ergreifen zu können, d.h. entweder einen Lehrplatz zu finden oder in einer weiterführenden Schule aufgenommen zu werden. Es bestehen hier nur geringe regionale Unterschiede.

Organisation
Eine Orientierungsphase am Anfang des Schuljahres und Berufsorientierung als prinzipielles Anliegen aller Unterrichtsgegenstände bieten viel-

fältige Möglichkeiten zum Kennenlernen der Berufswelt. Durch Betriebserkundungen und berufspraktische Wochen in Betrieben wird die Berufswahl unterstützt.
Je nach beruflichen Interessen wählt jeder Schüler / jede Schülerin einen von sieben Fachbereichen: Metall, Elektro, Holz, Bau, Handel-Büro, Dienstleistungen und Tourismus.

Abschluss und Weiterbildungsmöglichkeiten:
Schüler/innen mit positivem Abschluss erwerben den für das weitere Berufsleben sehr wichtigen Pflichtschulabschluss.
Schüler/innen mit positivem Abschluss eines Fachbereiches an der PTS sind berechtigt, ohne Aufnahmsprüfungen an den entsprechenden Berufsschulen in die höheren Leistungsgruppen einzusteigen.
Schüler/innen mit Abschluss der 9. Schulstufe an der PTS sind berechtigt, ohne Aufnahmsprüfungen in berufsbildende höhere Schulen einzutreten.
Schüler/innen mit Abschluss der 8. Schulstufe an der PTS sind berechtigt, ohne Aufnahmsprüfungen in berufsbildende mittlere Schulen einzutreten.

Zusätzlicher Hinweis: Die Wahl des richtigen Fachbereiches
Die Wahl des entsprechenden Fachbereiches an der PTS sollte auf Grund der Interessen und der beruflichen / schulischen weiteren Möglichkeiten in der Region gut überlegt werden. Eine Orientierungsphase am Beginn des Schuljahres informiert über die Unterrichtsgegenstände in den Fachbereichen und die Fortsetzungsmöglichkeiten in die jeweils entsprechenden Lehrberufe sowie die dem Fachbereich verwandte berufsbildende mittlere bzw. höhere Schule.

Die Berufsbildende Mittlere Schule

Grundsätzliches
Für jene, die keine höhere Schule besuchen wollen (oder können), aber doch positiv zur Schule an sich eingestellt sind und deren Interessen für einen bestimmten beruflichen Bereich schon stark ausgeprägt sind, kommt eine berufsbildende mittlere Schule in Frage. Die Absolventinnen und Absolventen können meist sofort in das Berufsleben einsteigen. Auch manche

Gewerbeberechtigungen werden nach entsprechender Berufspraxis erworben. Eine berufsbildende mittlere Schule sollte aber nur von jenen gewählt werden, die sich wirklich für das betreffende Fachgebiet interessieren und bereit sind, den erforderlichen schulischen Einsatz zu erbringen. Für technische, gewerbliche und kaufmännische Berufsbereiche sollte immer die Alternative „Lehrberuf" geprüft werden.

Aufgabe der Berufsbildenden Mittleren Schule

Die berufsbildende mittlere Schule hat die Aufgabe, den Schülern das grundlegende fachliche Wissen und Können zu vermitteln, das unmittelbar zur Ausübung eines Berufes auf technischem, gewerblichem, kunstgewerblichem, kaufmännischem, hauswirtschaftlichem und sonstigen wirtschaftlichem, sozialem, land- und forstwirtschaftlichem oder sonstigem Gebiet befähigt. Parallel dazu wird eine Erweiterung der Allgemeinbildung angestrebt. Berufsbildende mittlere Schulen schließen an die achte Schulstufe an und umfassen im Allgemeinen weniger als fünf Schulstufen.

Erfolgsquoten

Die Dropout-Raten an den berufsbildenden mittleren Schulen sind meist hoch; der größte Prozentsatz der Schüler, die ihre Ausbildung an einer dieser Schulen abbrechen, treten nach der 1.Klasse/dem 1. Jahrgang aus, also nach Beendigung der allgemeinen Schulpflicht. Viele dieser Schüler besuchen die 1. Klasse/den 1. Jahrgang einer berufsbildenden mitteleren Schule und treten dann in das duale Ausbildungssystem ein. Auch Dropouts aus anderen Schulstufen treten in vielen Fällen in das duale Ausbildungssystem ein, wobei ihnen der absolvierte Teil der Ausbildung an der berufsbildenden mittleren Schule beim Übertritt voll oder zum Großteil angerechnet wird.
In der 10. Schulstufe (nach Erfüllung der allgemeinen Schulpflicht besuchen derzeit etwa 10% der Schüler eine berufsbildende mittlere Schule). Die Schülerzahlen sind in den letzten Jahren rückläufig.

Organisation

Die Normalform der berufsbildenden mittleren Schulen ist die Vollzeitschule, die eine Alternative zum dualen Berufsausbildungssystem (der Lehre) darstellt. Sie bietet entweder eine teilweise Berufsausbildung (Dauer 1 – 2 Jahre) oder eine abgeschlossene Berufsausbildung (Dauer 3 oder 4 Jahre).
Einen wesentlichen Bestandteil des Unterrichts stellt die praktische Ausbildung in Werkstätten, Übungsfirmen oder anderen schulischen Ausbildungs-

stätten dar. Die Wochenstundenanzahl beträgt bis zu 40 Stunden, Nachmittagsunterricht ist die Regel.
An manchen berufsbildenden mittleren Schulen sind zusätzlich zur schulischen Ausbildung auch ein oder mehrere Pflichtpraktika bzw. freiwillige Berufspraktika während der Sommerferien zu absolvieren.
Absolvent(inn)en der meisten drei- oder vierjährigen berufsbildenden mittleren Schulen können in einem Aufbaulehrgang gleicher Fachrichtung auch das Berufsziel einer berufsbildenden höheren Schule erreichen (Dauer: 4 bis 6 Semester)
Berufsbildende mittlere Schulen sind z. B. technische, gewerbliche und kunstgewerbliche Fachschulen (meist vierjährig), Handelsschulen (dreijährig), sonstige kaufmännische Schulen (zwei- bis dreijährig), Fachschulen für wirtschaftliche Berufe (dreijährig), Hauswirtschaftsschulen (zweijährig), Haushaltungsschulen (einjährig), Fachschulen für Mode und Bekleidungstechnik (dreijährig), Hotelfachschulen, Gastgewerbefachschulen, Tourismusfachschulen (dreijährig), Fachschulen für Sozialberufe (ein- bis dreijährig), Fachschulen für Sozialberufe (ein- bis dreijährig), land- und forstwirtschaftliche Fachschulen (ein- bis vierjährig).

Aufnahmevoraussetzung

Aufnahmevoraussetzung ist der positive Abschluss der 8. Schulstufe (ausgenommen Latein, Geometrisches Zeichnen sowie etwaige Schwerpunktpflichtgegenstände).
Für die Aufnahme in eine mindestens dreijährige berufsbildende mittlere Schule gilt ferner, dass ein/e Schüler/in aus der 4. Klasse einer Hauptschule eine Aufnahmsprüfung in Deutsch, Englisch oder Mathematik abzulegen hat, wenn er/sie in dem betreffenden Gegenstand in der niedrigsten Leistungsgruppe war. Nach erfolgreichem Besuch einer Polytechnischen Schule entfällt diese Aufnahmsprüfung.
An einer berufsbildenden mittleren Schule mit besonderen Anforderungen in künstlerischer Hinsicht ist in jedem Fall eine Eignungsprüfung abzulegen.
Ein Eintritt in höhere Klassen ist nach Ablegung einer Einstufungs- bzw. Aufnahmsprüfung möglich, der Übertritt von der 1.Klasse in den II. Jahrgang der entsprechenden berufsbildenden höheren Schule in der Regel ohne Prüfung.

Abschluss

Drei- oder vierjährige berufsbildende mittlere Schulen schließen in der Regel mit einer Abschlussprüfung ab. Auf Grund ihrer schulischen beruflichen Ausbildung erwerben Absolvent(inn)en meist bestimmte Gewerbeberech-

tigungen (Zugang zu gebundenen Gewerben und/oder Handwerken).
Ein- bis zweijährige berufsbildende mittlere Schulen vermitteln eine teilweise Berufsausbildung.

Weiterbildungsmöglichkeiten

Für Absolvent(inn)en drei- oder vierjähriger berufsbildender mittlerer Schulen:

- Aufbaulehrgänge führen zur Reife- und Diplomprüfung („Matura"), die zum Studium an Universitäten, Fachhochschulen und Akademien berechtigt.
- Nach Praxis und Meister- bzw. Befähigungsprüfung Berechtigung zur selbständigen Ausübung eines facheinschlägigen Gewerbes
- Werkmeister- und Meisterschulen
- Fachakademien (nach Praxis, Informationen bei den Wirtschaftsförderungsinstituten)
- Fachhochschulen (nach Praxis und Zusatzprüfungen)

Für Absolvent(inn)en ein- oder zweijähriger berufsbildender mittlerer Schulen:

- Berufsausbildung im dualen System (Berufsschule und Lehre)
- Schulen für Gesundheitsdienste (z. B. Gesundheits- und Krankenpflege, medizin.-techn. Fachdienst, Pflegehilfeausbildung)

Von den eigenen Interessen und Schwerpunkten zur Schulwahl

Die folgende Zusammenstellung soll dabei helfen, Ideen zur Schulwahl zu entwickeln: Ideen, die von eigenen Interessen und Schwerpunkten ausgehen und Anstoß sein sollen, sich mit bestimmten Ausbildungsmöglichkeiten näher auseinanderzusetzen.
Die gefundenen Vorschläge sollten nicht kritiklos übernommen werden. Jede Schulform steht für ein breites (nicht nur durch wenige Begriffe zu beschreibendes) Angebot und für vielfältige Anforderungen. Sehen Sie die Vorschläge daher als Anregung und holen Sie weitere Informationen dazu ein! Fangen Sie rechtzeitig an, damit Sie für Ihre Entscheidung genug Zeit haben!

Schulpsychologinnen und Schulpsychologen bzw. teilweise auch Schülerberaterinnen und Schülerberater verfügen über Hilfsmittel, durch die sich persönliche Interessen und schulische Inhalte umfassend und differenziert gegenüberstellen lassen (z. B. den eigens für diesen Zweck von der Schulpsychologie-Bildungsberatung entwickelten computergestützten Fragebogen FIT). Nutzen Sie dieses Angebot, wenn Sie unsicher sind!
Die **Zusammenstellung auf den folgenden Seiten** beinhaltet **nur drei- bis vierjährige berufsbildende mittlere Schulen**. Diese bieten eine vollständige Berufsausbildung an. Es gibt über hundert verschiedene Schulformen.

Bei den **ein- bis zweijährigen berufsbildenden mittleren Schulen**, die nur eine teilweise Berufsausbildung vermitteln, ist das Angebot nicht so groß. Daher werden diese **vorab aufgelistet**:

Einjährig:	Einjährige Fachschule für ländliche Hauswirtschaft (in K, St, T)
	Einjährige forstwirtschaftliche Fachschule, Forstwarteschule (in NÖ u. OÖ)
	Haushaltungsschule (Standorte in allen Bundesländern)
Zweijährig:	Hauswirtschaftsschule (Standorte in allen Bundesländern – in Tirol nur in Lienz)
	Schule für Sozialdienste (eigenes Statut; in K, NÖ, S, St)
	Zweijährige Büro- und Datenverarbeitungsschule (eigenes Statut; in Graz)
	Zweijährige Fachschule für ländliche Hauswirtschaft (3–4 Semester; in B, K, NÖ, OÖ, S, St, T)
	Zweijährige Fachschule für ökologische Land- und Hauswirtschaft (in NÖ)
	Zweijährige landwirtschaftliche Fachschule (in Hollabrunn und Zwettl - NÖ)

Anleitung zum Gebrauch der Zusammenstellung (für drei- bis vierjährige berufsbildende mittlere Schulen)

1. Suchen Sie sich aus folgender Liste das für Sie wichtigste Interessensgebiet bzw. den für Sie wichtigsten Schwerpunkt heraus:

Bautechnik
Biologie (Zoologie und Botanik)
Physik und Chemie (Naturwissenschaften)

Datenverarbeitung (EDV)
Elektrotechnik
Ernährung und Kochen
Erziehung und Unterricht
Fremdenverkehr (Tourismus)
Geometrie und Geometrisches Zeichnen
Kaufmännisches Interesse und Büro
Kunst und künstlerische Gestaltung
Land- und Forstwirtschaft
Maschinenbau
Medizin und Krankenpflege
Musik
Nähen und Textilwaren
Schulen mit Schwerpunkt Musik
(intensiver als nur normales Interesse für Musik)
Schulen mit Schwerpunkt Sport
Sozialarbeit
Technisch-handwerkliches Interesse
(insbesonders für praktisches Arbeiten)
Technisches Verständnis
(Freude auch an technisch-theoretischem Denken)

Ein Beispiel:

Christoph, ein Schüler der 4.Klasse Hauptschule aus der Steiermark, interessiert sich sehr für den Bereich Ernährung und Kochen sowie „Künstlerisches Gestalten". Er möchte nächstes Jahr eine mittlere Schule besuchen.

2. Suchen Sie auf den folgenden Seiten das Kapitel über das gewählte Interessensgebiet!

Christoph schlägt das Interessensgebiet „Ernährung und Kochen" auf Seite 102 auf.

3. Suchen Sie innerhalb des gewählten Kapitels nach der Überschrift, die das für Sie zweitwichtigste Interessensgebiet bzw. einen zusätzlichen besonderen Schwerpunkt beschreibt!

Zusätzliche besondere Schwerpunkte sind:
Handgeschicklichkeit
Künstlerisch-zeichnerische Begabung

Es gibt nicht zu allen Kombinationen Vorschläge. Wenn zu Ihrer Interessenskombination kein Vorschlag existiert, so suchen Sie sich eine weitere für Sie interessante Überschrift. Oder sehen Sie nach, welche Vorschläge es zu dem zuerst gewählten Interessensgebiet allein (ohne Kombination mit einem anderen) gibt.
Da jede Kombinationen von zwei Gebieten nur einmal beschrieben ist, findet sich beim zweiten Vorkommen in der Tabelle nur ein Hinweis, in welchem Unterkapitel die gesuchten Informationen zu finden sind (z. B. bei Interessensgebiet Künstlerisches Gestalten und Bautechnik der Hinweis auf das Interessensgebiet Bautechnik und Künstlerisches Gestalten).

Christoph findet beim Interessensgebiet „Ernährung/Kochen" allerdings kein Unterkapitel „Künstlerisches Gestalten", sondern nur Kombinationen mit Biologie, Fremdenverkehr, Handgeschicklichkeit, kaufmännischem Interesse sowie Sozialarbeit. Von diesen Überschriften spricht ihm am meisten das Interessensgebiet „Fremdenverkehr" an.

4. Im so gefundenen Unterkapitel sind jeweils verschiedene Nummern, die bestimmte Schulformen bezeichnen, zu Gruppen zusammengefasst. Für jede Gruppe ist beschrieben, welche Interessensgebiete und besonderen Schwerpunkte die Schulformen dieser Gruppe unterstützen bzw. aufweisen. Suchen Sie sich eine oder mehrere Gruppen aus und notieren Sie sich die Nummern (z. B. M36,M58,M66,M75)!

Beim Interessensgebiet Ernährung/Kochen und Fremdenverkehr findet Christoph den Schulformvorschlag M72.

5. Schlagen Sie in der Schulformliste am Ende der folgenden Übersicht nach, um welche Schulformen es sich handelt!

Bei jeder Schulform ist angegeben, wie lange sie dauert und in welchen Bundesländern sie angeboten wird. Die Adressen entnehmen Sie bitte der Broschüre „ABC des berufsbildenden Schulwesens". Oder Sie erfragen sie bei Ihrer Schülerberaterin bzw. Ihrem Schülerberater oder der Schulservicestelle in Ihrem Bundesland (Adresse und Telefonnummer → Seite 166 dieser Broschüre).
Wenn Ihr Bundesland bei einer Sie sehr interessierenden Schulform nicht angegeben ist, fragen Sie bitte bei Ihrer Schülerberaterin bzw. Ihrem Schülerberater oder der Schulservicestelle nach, ob es in der Zwischenzeit nicht doch auch ein entsprechendes Angebot in Ihrem Bundesland gibt.

Christoph sucht in der Schulformliste ab Seite 115, um welche Schulform es sich dabei handelt und erhält folgende Information (→ Seite 119):
M72 ist eine Hotelfachschule mit dem Ausbildungsschwerpunkt Gastronomie. Die Ausbildung dauert 3 Jahre. Derzeit gibt es Standorte in allen Bundesländern außer Steiermark und Kärnten. Da für sein Bundesland kein Standort vermerkt ist, beschließt Christoph, bei der zuständigen Schulservicestelle nachzufragen. Er entnimmt dem Inhaltsverzeichnis, dass Adressen der Schulservicestellen in diesem Buch ab Seite 166 abgedruckt sind. Dort findet er für die Steiermark die Telefonnummer 0316/345-1104. Er ruft an und erhält die gewünschte Auskunft.

Chance für Beraterinnen und Berater:
Schülerinnen und Schüler bei der Erkundung ihrer Interessen helfen! Die Interessensliste entspricht etwa der des Schul- und Berufsinteressenstestes (SBIT). Die nachfolgende Zusammenstellung basiert auf dem Computerprogramm SBS (Schullaufbahn-Beratungs-System).

INTERESSENSGEBIETE UND SCHULFORMEN

Mittlere Schulen ab der 9.Schulstufe
(mindestens dreijährig)

Interessensgebiet Bautechnik

Interessensgebiet Bautechnik und Handgeschicklichkeit
M75
Interessensgebiete: Bautechnik, Künstler. Gestalten, Techn. Handwerk
Besondere Schwerpunkte: Handgeschicklichkeit, Künstlerische Begabung
M58, M66
Interessensgebiete: Bautechnik, Künstler. Gestalten, Techn. Handwerk
Besondere Schwerpunkte: Handgeschicklichkeit, Künstlerische Begabung, Techn. Verständnis
M36
Interessensgebiete: Bautechnik, Künstler. Gestalten, Techn. Handwerk

Besondere Schwerpunkte: Handgeschicklichkeit, Techn. Verständnis
M13
Interessensgebiete: Bautechnik, Techn. Handwerk
Besondere Schwerpunkte: Handgeschicklichkeit, Techn. Verständnis

Interessensgebiet Bautechnik und Künstler. Gestalten
M75
Interessensgebiete: Bautechnik, Künstler. Gestalten, Techn. Handwerk
Besondere Schwerpunkte: Handgeschicklichkeit, Künstlerische Begabung
M58, M66
Interessensgebiete: Bautechnik, Künstler. Gestalten, Techn. Handwerk
Besondere Schwerpunkte: Handgeschicklichkeit, Künstlerische Begabung, Techn. Verständnis
M36
Interessensgebiete: Bautechnik, Künstler. Gestalten, Techn. Handwerk
Besondere Schwerpunkte: Handgeschicklichkeit, Techn. Verständnis

Interessensgebiet Bautechnik und Künstlerische Begabung
M75
Interessensgebiete: Bautechnik, Künstler. Gestalten, Techn. Handwerk
Besondere Schwerpunkte: Handgeschicklichkeit, Künstlerische Begabung
M58, M66
Interessensgebiete: Bautechnik, Künstler. Gestalten, Techn. Handwerk
Besondere Schwerpunkte: Handgeschicklichkeit, Künstlerische Begabung, Techn. Verständnis

Interessensgebiet Bautechnik und Techn. Handwerk
M58, M66
Interessensgebiete: Bautechnik, Künstler. Gestalten, Techn. Handwerk
Besondere Schwerpunkte: Handgeschicklichkeit, Künstlerische Begabung, Techn. Verständnis
M36
Interessensgebiete: Bautechnik, Künstler. Gestalten, Techn. Handwerk
Besondere Schwerpunkte: Handgeschicklichkeit, Techn. Verständnis
M13
Interessensgebiete: Bautechnik, Techn. Handwerk
Besondere Schwerpunkte: Handgeschicklichkeit, Techn. Verständnis

Interessensgebiet Bautechnik und Techn. Verständnis
M24
Interessensgebiete: Bautechnik
Besondere Schwerpunkte: Techn. Verständnis
M58, M66
Interessensgebiete: Bautechnik, Künstler. Gestalten, Techn. Handwerk
Besondere Schwerpunkte: Handgeschicklichkeit, Künstlerische Begabung, Techn. Verständnis
M36
Interessensgebiete: Bautechnik, Künstler. Gestalten, Techn. Handwerk
Besondere Schwerpunkte: Handgeschicklichkeit, Techn. Verständnis
M13
Interessensgebiete: Bautechnik, Techn. Handwerk
Besondere Schwerpunkte: Handgeschicklichkeit, Techn. Verständnis

Interessensgebiet Biologie

Interessensgebiet Biologie und Chemie/Physik
M15
Interessensgebiete: Biologie, Chemie/Physik
Besondere Schwerpunkte: Handgeschicklichkeit, Techn. Verständnis

Interessensgebiet Biologie und Ernährung/Kochen
M50
Interessensgebiete: Biologie, Ernährung/Kochen, Land-/Forstwirtschaft
Besondere Schwerpunkte: Handgeschicklichkeit

Interessensgebiet Biologie und Handgeschicklichkeit
M15
Interessensgebiete: Biologie, Chemie/Physik
Besondere Schwerpunkte: Handgeschicklichkeit, Techn. Verständnis
M50
Interessensgebiete: Biologie, Ernährung/Kochen, Land-/Forstwirtschaft
Besondere Schwerpunkte: Handgeschicklichkeit
M91
Interessensgebiete: Biologie, Künstler. Gestalten, Land-/Forstwirtschaft
Besondere Schwerpunkte: Handgeschicklichkeit

Interessensgebiet Biologie und Kaufm. Interesse
M11, M63, M87, M89
Interessensgebiete: Biologie, Kaufm. Interesse, Land-/Forstwirtschaft
M88
Interessensgebiete: Biologie, Kaufm. Interesse, Land-/Forstwirtschaft, Nähen und Textilwaren
Interessensgebiet Biologie und Künstler. Gestalten
M91
Interessensgebiete: Biologie, Künstler. Gestalten, Land-/Forstwirtschaft
Besondere Schwerpunkte: Handgeschicklichkeit

Interessensgebiet Biologie und Land-/Forstwirtschaft
M50
Interessensgebiete: Biologie, Ernährung/Kochen, Land-/Forstwirtschaft
Besondere Schwerpunkte: Handgeschicklichkeit
M11, M87, M89
Interessensgebiete: Biologie, Kaufm. Interesse, Land-/Forstwirtschaft
M88
Interessensgebiete: Biologie, Kaufm. Interesse, Land-/Forstwirtschaft, Nähen und Textilwaren
M91
Interessensgebiete: Biologie, Künstler. Gestalten, Land-/Forstwirtschaft
Besondere Schwerpunkte: Handgeschicklichkeit
M5, M8, M9, M10, M92, M93, M97, M98, M99, M100, M101, M102, M103
Interessensgebiete: Biologie, Land-/Forstwirtschaft
M6, M96
Interessensgebiete: Biologie, Land-/Forstwirtschaft, Nähen und Textilwaren

Interessensgebiet Biologie und Nähen und Textilwaren
M88
Interessensgebiete: Biologie, Kaufm. Interesse, Land-/Forstwirtschaft, Nähen und Textilwaren
M6, M96
Interessensgebiete: Biologie, Land-/Forstwirtschaft, Nähen und Textilwaren

Interessensgebiet Biologie und Techn. Verständnis
M15
Interessensgebiete: Biologie, Chemie/Physik
Besondere Schwerpunkte: Handgeschicklichkeit, Techn. Verständnis

Interessensgebiet Chemie/Physik

Interessensgebiet Chemie/Physik und Biologie
Siehe Interessensgebiet Biologie und Chemie/Physik

Interessensgebiet Chemie/Physik und Elektrotechnik
M21
Interessensgebiete: Chemie/Physik, Elektrotechnik, Maschinenbau, Techn. Handwerk
Besondere Schwerpunkte: Handgeschicklichkeit, Techn. Verständnis

Interessensgebiet Chemie/Physik und Handgeschicklichkeit
M16
Interessensgebiete: Chemie/Physik
Besondere Schwerpunkte: Handgeschicklichkeit, Techn. Verständnis
M21
Interessensgebiete: Chemie/Physik, Elektrotechnik, Maschinenbau, Techn. Handwerk
Besondere Schwerpunkte: Handgeschicklichkeit, Techn. Verständnis
M54
Interessensgebiete: Chemie/Physik, Nähen und Textilwaren
Besondere Schwerpunkte: Handgeschicklichkeit, Techn. Verständnis

Interessensgebiet Chemie/Physik und Maschinenbau
M21
Interessensgebiete: Chemie/Physik, Elektrotechnik, Maschinenbau, Techn. Handwerk
Besondere Schwerpunkte: Handgeschicklichkeit, Techn. Verständnis

Interessensgebiet Chemie/Physik und Nähen und Textilwaren
M54
Interessensgebiete: Chemie/Physik, Nähen und Textilwaren
Besondere Schwerpunkte: Handgeschicklichkeit, Techn. Verständnis

Interessensgebiet Chemie/Physik und Techn. Handwerk
M21
Interessensgebiete: Chemie/Physik, Elektrotechnik, Maschinenbau, Techn. Handwerk
Besondere Schwerpunkte: Handgeschicklichkeit, Techn. Verständnis

Interessensgebiet Chemie/Physik und Techn. Verständnis
M16
Interessensgebiete: Chemie/Physik
Besondere Schwerpunkte: Handgeschicklichkeit, Techn. Verständnis
M17
Interessensgebiete: Chemie/Physik
Besondere Schwerpunkte: Techn. Verständnis
M21
Interessensgebiete: Chemie/Physik, Elektrotechnik, Maschinenbau, Techn. Handwerk
Besondere Schwerpunkte: Handgeschicklichkeit, Techn. Verständnis
M54
Interessensgebiete: Chemie/Physik, Nähen und Textilwaren
Besondere Schwerpunkte: Handgeschicklichkeit, Techn. Verständnis

Interessensgebiet EDV

Interessensgebiet EDV und Kaufm. Interesse
M85
Interessensgebiete: EDV, Kaufm. Interesse

Interessensgebiet Elektrotechnik

Interessensgebiet Elektrotechnik und Chemie/Physik
Siehe Interessensgebiet Chemie/Physik und Elektrotechnik

Interessensgebiet Elektrotechnik und Handgeschicklichkeit
M14, M31
Interessensgebiete: Elektrotechnik, Künstler. Gestalten, Maschinenbau, Techn. Handwerk
Besondere Schwerpunkte: Handgeschicklichkeit, Künstlerische Begabung
M3, M22, M37, M38, M39, M40
Interessensgebiete: Elektrotechnik, Maschinenbau, Techn. Handwerk
Besondere Schwerpunkte: Handgeschicklichkeit, Techn. Verständnis
M18, M19, M43
Interessensgebiete: Elektrotechnik, Techn. Handwerk
Besondere Schwerpunkte: Handgeschicklichkeit, Techn. Verständnis

Interessensgebiet Elektrotechnik und Künstler. Gestalten
M14, M31
Interessensgebiete: Elektrotechnik, Künstler. Gestalten, Maschinenbau, Techn. Handwerk
Besondere Schwerpunkte: Handgeschicklichkeit, Künstlerische Begabung

Interessensgebiet Elektrotechnik und Künstlerische Begabung
M14, M31
Interessensgebiete: Elektrotechnik, Künstler. Gestalten, Maschinenbau, Techn. Handwerk
Besondere Schwerpunkte: Handgeschicklichkeit, Künstlerische Begabung

Interessensgebiet Elektrotechnik und Maschinenbau
M14, M31
Interessensgebiete: Elektrotechnik, Künstler. Gestalten, Maschinenbau, Techn. Handwerk
Besondere Schwerpunkte: Handgeschicklichkeit, Künstlerische Begabung
M3, M22, M37, M38, M39, M40
Interessensgebiete: Elektrotechnik, Maschinenbau, Techn. Handwerk
Besondere Schwerpunkte: Handgeschicklichkeit, Techn. Verständnis

Interessensgebiet Elektrotechnik und Techn. Handwerk
M14, M31
Interessensgebiete: Elektrotechnik, Künstler. Gestalten, Maschinenbau, Techn. Handwerk
Besondere Schwerpunkte: Handgeschicklichkeit, Künstlerische Begabung
M3, M22, M37, M38, M39, M40
Interessensgebiete: Elektrotechnik, Maschinenbau, Techn. Handwerk
Besondere Schwerpunkte: Handgeschicklichkeit, Techn. Verständnis
M18, M19, M43
Interessensgebiete: Elektrotechnik, Techn. Handwerk
Besondere Schwerpunkte: Handgeschicklichkeit, Techn. Verständnis

Interessensgebiet Elektrotechnik und Techn. Verständnis
M3, M22, M37, M38, M39, M40
Interessensgebiete: Elektrotechnik, Maschinenbau, Techn. Handwerk
Besondere Schwerpunkte: Handgeschicklichkeit, Techn. Verständnis
M18, M19, M43
Interessensgebiete: Elektrotechnik, Techn. Handwerk
Besondere Schwerpunkte: Handgeschicklichkeit, Techn. Verständnis

Interessensgebiet Ernährung/Kochen

Interessensgebiet Ernährung/Kochen und Ernährung/Kochen ohne zusätzliche Schwerpunkte
M68

Interessensgebiet Ernährung/Kochen und Biologie
Siehe Interessensgebiet Biologie und Ernährung/Kochen

Interessensgebiet Ernährung/Kochen und Fremdenverkehr
M72
Interessensgebiete: Ernährung/Kochen, Fremdenverkehr, Kaufm. Interesse
Besondere Schwerpunkte: Handgeschicklichkeit

Interessensgebiet Ernährung/Kochen und Handgeschicklichkeit
M72
Interessensgebiete: Ernährung/Kochen, Fremdenverkehr, Kaufm. Interesse
Besondere Schwerpunkte: Handgeschicklichkeit

Interessensgebiet Ernährung/Kochen und Kaufm. Interesse
M72
Interessensgebiete: Ernährung/Kochen, Fremdenverkehr, Kaufm. Interesse
Besondere Schwerpunkte: Handgeschicklichkeit
M61
Interessensgebiete: Ernährung/Kochen, Kaufm. Interesse

Interessensgebiet Ernährung/Kochen und Sozialarbeit
M12
Interessensgebiete: Ernährung/Kochen, Sozialarbeit

Interessensgebiet Fremdenverkehr (Tourismus)

Interessensgebiet Fremdenverkehr und Ernährung/Kochen
Siehe Interessensgebiet Ernährung/Kochen und Fremdenverkehr

Interessensgebiet Fremdenverkehr und Fremdsprachen
M74
Interessensgebiete: Fremdenverkehr, Fremdsprachen, Kaufm. Interesse
Besondere Schwerpunkte: Handgeschicklichkeit

Interessensgebiet Fremdenverkehr und Handgeschicklichkeit
M74
Interessensgebiete: Fremdenverkehr, Fremdsprachen, Kaufm. Interesse
Besondere Schwerpunkte: Handgeschicklichkeit
M67, M90
Interessensgebiete: Fremdenverkehr, Kaufm. Interesse
Besondere Schwerpunkte: Handgeschicklichkeit
M73, M81
Interessensgebiete: Fremdenverkehr, Kaufm. Interesse
Besondere Schwerpunkte: Handgeschicklichkeit, Sport

Interessensgebiet Fremdenverkehr und Kaufm. Interesse
M74
Interessensgebiete: Fremdenverkehr, Fremdsprachen, Kaufm. Interesse
Besondere Schwerpunkte: Handgeschicklichkeit
M64
Interessensgebiete: Fremdenverkehr, Kaufm. Interesse
M67, M90
Interessensgebiete: Fremdenverkehr, Kaufm. Interesse
Besondere Schwerpunkte: Handgeschicklichkeit
M73, M81
Interessensgebiete: Fremdenverkehr, Kaufm. Interesse
Besondere Schwerpunkte: Handgeschicklichkeit, Sport

Interessensgebiet Fremdenverkehr und Sport
M73, M81
Interessensgebiete: Fremdenverkehr, Kaufm. Interesse
Besondere Schwerpunkte: Handgeschicklichkeit, Sport

Interessensgebiet Fremdsprachen

Interessensgebiet Fremdsprachen und Fremdenverkehr
Siehe Interessensgebiet Fremdenverkehr und Fremdsprachen

Interessensgebiet Fremdsprachen und Kaufm. Interesse
M65
Interessensgebiete: Fremdsprachen, Kaufm. Interesse

Interessensgebiet Geometrie

Interessensgebiet Geometrie und Handgeschicklichkeit
M35
Interessensgebiete: Geometrie, Künstler. Gestalten
Besondere Schwerpunkte: Handgeschicklichkeit, Techn. Verständnis
M44, M45, M46, M47, M48, M49
Interessensgebiete: Geometrie, Künstler. Gestalten, Nähen und Textilwaren
Besondere Schwerpunkte: Handgeschicklichkeit
M76, M77, M80
Interessensgebiete: Geometrie, Künstler. Gestalten, Nähen und Textilwaren
Besondere Schwerpunkte: Handgeschicklichkeit, Künstlerische Begabung
M55
Interessensgebiete: Geometrie, Künstler. Gestalten, Nähen und Textilwaren
Besondere Schwerpunkte: Handgeschicklichkeit, Techn. Verständnis
M29
Interessensgebiete: Geometrie, Künstler. Gestalten, Techn. Handwerk
Besondere Schwerpunkte: Handgeschicklichkeit, Künstlerische Begabung

Interessensgebiet Geometrie und Künstler. Gestalten
M35
Interessensgebiete: Geometrie, Künstler. Gestalten
Besondere Schwerpunkte: Handgeschicklichkeit, Techn. Verständnis
M44, M45, M46, M47, M48, M49
Interessensgebiete: Geometrie, Künstler. Gestalten, Nähen und Textilwaren
Besondere Schwerpunkte: Handgeschicklichkeit
M76, M77, M80
Interessensgebiete: Geometrie, Künstler. Gestalten, Nähen und Textilwaren
Besondere Schwerpunkte: Handgeschicklichkeit, Künstlerische Begabung
M55
Interessensgebiete: Geometrie, Künstler. Gestalten, Nähen und Textilwaren
Besondere Schwerpunkte: Handgeschicklichkeit, Techn. Verständnis
M29
Interessensgebiete: Geometrie, Künstler. Gestalten, Techn. Handwerk
Besondere Schwerpunkte: Handgeschicklichkeit, Künstlerische Begabung

Interessensgebiet Geometrie und Künstlerische Begabung
M76, M77, M80
Interessensgebiete: Geometrie, Künstler. Gestalten, Nähen und Textilwaren
Besondere Schwerpunkte: Handgeschicklichkeit, Künstlerische Begabung
M29
Interessensgebiete: Geometrie, Künstler. Gestalten, Techn. Handwerk
Besondere Schwerpunkte: Handgeschicklichkeit, Künstlerische Begabung

Interessensgebiet Geometrie und Nähen und Textilwaren
M44, M45, M46, M47, M48, M49
Interessensgebiete: Geometrie, Künstler. Gestalten, Nähen und Textilwaren
Besondere Schwerpunkte: Handgeschicklichkeit
M76, M77, M80
Interessensgebiete: Geometrie, Künstler. Gestalten, Nähen und Textilwaren
Besondere Schwerpunkte: Handgeschicklichkeit, Künstlerische Begabung
M55
Interessensgebiete: Geometrie, Künstler. Gestalten, Nähen und Textilwaren
Besondere Schwerpunkte: Handgeschicklichkeit, Techn. Verständnis

Interessensgebiet Geometrie und Techn. Handwerk
M29
Interessensgebiete: Geometrie, Künstler. Gestalten, Techn. Handwerk
Besondere Schwerpunkte: Handgeschicklichkeit, Künstlerische Begabung

Interessensgebiet Geometrie und Techn. Verständnis
M35
Interessensgebiete: Geometrie, Künstler. Gestalten
Besondere Schwerpunkte: Handgeschicklichkeit, Techn. Verständnis
M55
Interessensgebiete: Geometrie, Künstler. Gestalten, Nähen und Textilwaren
Besondere Schwerpunkte: Handgeschicklichkeit, Techn. Verständnis

Interessensgebiet Kaufmännisches Interesse

Interessensgebiet Kaufm. Interesse ohne zusätzliche Schwerpunkte
M60, M69

Interessensgebiet Kaufm. Interesse und Biologie
Siehe Interessensgebiet Biologie und Kaufm. Interesse

Interessensgebiet Kaufm. Interesse und EDV
Siehe Interessensgebiet EDV und Kaufm. Interesse

Interessensgebiet Kaufm. Interesse und Ernährung/Kochen
Siehe Interessensgebiet Ernährung/Kochen und Kaufm. Interesse

Interessensgebiet Kaufm. Interesse und Fremdenverkehr
Siehe Interessensgebiet Fremdenverkehr und Kaufm. Interesse

Interessensgebiet Kaufm. Interesse und Fremdsprachen
Siehe Interessensgebiet Fremdsprachen und Kaufm. Interesse

Interessensgebiet Kaufm. Interesse und Land-/Forstwirtschaft
M11, M87, M89
Interessensgebiete: Biologie, Kaufm. Interesse, Land-/Forstwirtschaft
M88
Interessensgebiete: Biologie, Kaufm. Interesse, Land-/Forstwirtschaft, Nähen und Textilwaren

Interessensgebiet Kaufm. Interesse und Medizin/Krankenpflege
M62
Interessensgebiete: Kaufm. Interesse, Medizin/Krankenpflege

Interessensgebiet Kaufm. Interesse und Nähen und Textilwaren
M88
Interessensgebiete: Biologie, Kaufm. Interesse, Land-/Forstwirtschaft, Nähen und Textilwaren

Interessensgebiet Kaufm. Interesse und Sport
M70, M71, M94, M95
Interessensgebiete: Kaufm. Interesse
Besondere Schwerpunkte: Sport

Interessensgebiet Künstler. Gestalten

Interessensgebiet Künstler. Gestalten und Bautechnik
Siehe Interessensgebiet Bautechnik und Künstler. Gestalten

Interessensgebiet Künstler. Gestalten und Biologie
Siehe Interessensgebiet Biologie und Künstler. Gestalten

Interessensgebiet Künstler. Gestalten und Elektrotechnik
Siehe Interessensgebiet Elektrotechnik und Künstler. Gestalten

Interessensgebiet Künstler. Gestalten und Geometrie
Siehe Interessensgebiet Geometrie und Künstler. Gestalten

Interessensgebiet Künstler. Gestalten und Handgeschicklichkeit
M51
Interessensgebiete: Künstler. Gestalten
Besondere Schwerpunkte: Handgeschicklichkeit, Techn. Verständnis
M30
Interessensgebiete: Künstler. Gestalten, Maschinenbau, Techn. Handwerk
Besondere Schwerpunkte: Handgeschicklichkeit, Künstlerische Begabung
M32
Interessensgebiete: Künstler. Gestalten, Musik
Besondere Schwerpunkte: Handgeschicklichkeit, Künstlerische Begabung
M78
Interessensgebiete: Künstler. Gestalten, Nähen und Textilwaren
Besondere Schwerpunkte: Handgeschicklichkeit, Künstlerische Begabung
M56
Interessensgebiete: Künstler. Gestalten, Nähen und Textilwaren
Besondere Schwerpunkte: Handgeschicklichkeit, Techn. Verständnis
M23, M25, M26, M27, M28, M34, M53
Interessensgebiete: Künstler. Gestalten, Techn. Handwerk
Besondere Schwerpunkte: Handgeschicklichkeit, Künstlerische Begabung

Interessensgebiet Künstler. Gestalten und Künstlerische Begabung
M30
Interessensgebiete: Künstler. Gestalten, Maschinenbau, Techn. Handwerk
Besondere Schwerpunkte: Handgeschicklichkeit, Künstlerische Begabung
M32
Interessensgebiete: Künstler. Gestalten, Musik
Besondere Schwerpunkte: Handgeschicklichkeit, Künstlerische Begabung
M78
Interessensgebiete: Künstler. Gestalten, Nähen und Textilwaren
Besondere Schwerpunkte: Handgeschicklichkeit, Künstlerische Begabung
M33, M79
Interessensgebiete: Künstler. Gestalten, Nähen und Textilwaren
Besondere Schwerpunkte: Künstlerische Begabung

M23, M25, M26, M27, M28, M34, M53
Interessensgebiete: Künstler. Gestalten, Techn. Handwerk
Besondere Schwerpunkte: Handgeschicklichkeit, Künstlerische Begabung

Interessensgebiet Künstler. Gestalten und Maschinenbau
M30
Interessensgebiete: Künstler. Gestalten, Maschinenbau, Techn. Handwerk
Besondere Schwerpunkte: Handgeschicklichkeit, Künstlerische Begabung

Interessensgebiet Künstler. Gestalten und Musik
M32
Interessensgebiete: Künstler. Gestalten, Musik
Besondere Schwerpunkte: Handgeschicklichkeit, Künstlerische Begabung

Interessensgebiet Künstler. Gestalten und Nähen und Textilwaren
M78
Interessensgebiete: Künstler. Gestalten, Nähen und Textilwaren
Besondere Schwerpunkte: Handgeschicklichkeit, Künstlerische Begabung
M56
Interessensgebiete: Künstler. Gestalten, Nähen und Textilwaren
Besondere Schwerpunkte: Handgeschicklichkeit, Techn. Verständnis
M33, M79
Interessensgebiete: Künstler. Gestalten, Nähen und Textilwaren
Besondere Schwerpunkte: Künstlerische Begabung

Interessensgebiet Künstler. Gestalten und Techn. Handwerk
M30
Interessensgebiete: Künstler. Gestalten, Maschinenbau, Techn. Handwerk
Besondere Schwerpunkte: Handgeschicklichkeit, Künstlerische Begabung
M23, M25, M26, M27, M28, M34, M53
Interessensgebiete: Künstler. Gestalten, Techn. Handwerk
Besondere Schwerpunkte: Handgeschicklichkeit, Künstlerische Begabung

Interessensgebiet Künstler. Gestalten und Techn. Verständnis
M51
Interessensgebiete: Künstler. Gestalten
Besondere Schwerpunkte: Handgeschicklichkeit, Techn. Verständnis
M56
Interessensgebiete: Künstler. Gestalten, Nähen und Textilwaren
Besondere Schwerpunkte: Handgeschicklichkeit, Techn. Verständnis

Interessensgebiet Künstlerische Begabung

Interessensgebiet Künstler. Begabung und Bautechnik
Siehe Interessensgebiet Bautechnik und Künstler. Begabung

Interessensgebiet Künstler. Begabung und Elektrotechnik
Siehe Interessensgebiet Elektrotechnik und Künstler. Begabung

Interessensgebiet Künstler. Begabung und Geometrie
Siehe Interessensgebiet Geometrie und Künstler. Begabung

Interessensgebiet Künstlerische Begabung und Handgeschicklichkeit
M75
Interessensgebiete: Bautechnik, Künstler. Gestalten, Techn. Handwerk
Besondere Schwerpunkte: Handgeschicklichkeit, Künstlerische Begabung
M58, M66
Interessensgebiete: Bautechnik, Künstler. Gestalten, Techn. Handwerk
Besondere Schwerpunkte: Handgeschicklichkeit, Künstlerische Begabung, Techn. Verständnis
M14, M31
Interessensgebiete: Elektrotechnik, Künstler. Gestalten, Maschinenbau, Techn. Handwerk
Besondere Schwerpunkte: Handgeschicklichkeit, Künstlerische Begabung
M76, M77, M80
Interessensgebiete: Geometrie, Künstler. Gestalten, Nähen und Textilwaren
Besondere Schwerpunkte: Handgeschicklichkeit, Künstlerische Begabung
M29
Interessensgebiete: Geometrie, Künstler. Gestalten, Techn. Handwerk
Besondere Schwerpunkte: Handgeschicklichkeit, Künstlerische Begabung
M30
Interessensgebiete: Künstler. Gestalten, Maschinenbau, Techn. Handwerk
Besondere Schwerpunkte: Handgeschicklichkeit, Künstlerische Begabung
M32
Interessensgebiete: Künstler. Gestalten, Musik
Besondere Schwerpunkte: Handgeschicklichkeit, Künstlerische Begabung
M78
Interessensgebiete: Künstler. Gestalten, Nähen und Textilwaren
Besondere Schwerpunkte: Handgeschicklichkeit, Künstlerische Begabung
M23, M25, M26, M27, M28, M34, M53
Interessensgebiete: Künstler. Gestalten, Techn. Handwerk
Besondere Schwerpunkte: Handgeschicklichkeit, Künstlerische Begabung

Interessensgebiet Künstlerische Begabung und Techn. Verständnis
M58, M66
Interessensgebiete: Bautechnik, Künstler. Gestalten, Techn. Handwerk
Besondere Schwerpunkte: Handgeschicklichkeit, Künstlerische Begabung, Techn. Verständnis

Interessensgebiet Land-/Forstwirtschaft

Interessensgebiet Land-/Forstwirtschaft und Biologie
Siehe Interessensgebiet Biologie und Land-/Forstwirtschaft

Interessensgebiet Land-/Forstwirtschaft und Kaufm. Interesse
Siehe Interessensgebiet Kaufm. Interesse und Land-/Forstwirtschaft

Interessensgebiet Land-/Forstwirtschaft und Nähen und Textilwaren
M88
Interessensgebiete: Biologie, Kaufm. Interesse, Land-/Forstwirtschaft, Nähen und Textilwaren
M6, M96
Interessensgebiete: Biologie, Land-/Forstwirtschaft, Nähen und Textilwaren

Interessensgebiet Maschinenbau

Interessensgebiet Maschinenbau und Chemie/Physik
Siehe Interessensgebiet Chemie/Physik und Maschinenbau

Interessensgebiet Maschinenbau und Elektrotechnik
Siehe Interessensgebiet Elektrotechnik und Maschinenbau

Interessensgebiet Maschinenbau und Künstler. Gestalten
Siehe Interessensgebiet Künstler. Gestalten und Maschinenbau

Interessensgebiet Maschinenbau und Techn. Handwerk
M41, M42
Interessensgebiete: Maschinenbau, Techn. Handwerk
Besondere Schwerpunkte: Handgeschicklichkeit, Techn. Verständnis

Interessensgebiet Medizin/Krankenpflege

Interessensgebiet Medizin/Krankenpflege und Kaufm. Interesse
M62
Interessensgebiete: Kaufm. Interesse, Medizin/Krankenpflege

Interessensgebiet Medizin/Krankenpflege und Sozialarbeit
M7
Interessensgebiete: Medizin/Krankenpflege, Sozialarbeit

Interessensgebiet Musik

Interessensgebiet Künstler. Gestalten und Musik
M32
Interessensgebiete: Künstler. Gestalten, Musik
Besondere Schwerpunkte: Handgeschicklichkeit, Künstlerische Begabung

Besondere Musikal. Begabung
M83
Interessensgebiete: Musik
Besondere Schwerpunkte: Musikal. Begabung

Interessensgebiet Nähen und Textilwaren

Interessensgebiet Nähen und Textilwaren und Biologie bzw. Land-/Forstwirtschaft
Siehe Interessensgebiet Biologie und Nähen und Textilwaren

Interessensgebiet Nähen und Textilwaren und Chemie/Physik
Siehe Interessensgebiet Chemie/Physik und Nähen und Textilwaren

Interessensgebiet Nähen und Textilwaren und Geometrie
Siehe Interessensgebiet Geometrie und Nähen und Textilwaren

Interessensgebiet Nähen und Textilwaren und Handgeschicklichkeit
M4, M57
Interessensgebiete: Nähen und Textilwaren
Besondere Schwerpunkte: Handgeschicklichkeit, Techn. Verständnis

Interessensgebiet Nähen und Textilwaren und Kaufm. Interesse
Siehe Interessensgebiet Kaufm. Interesse und Nähen und Textilwaren

Interessensgebiet Nähen und Textilwaren und Künstler. Gestalten
Siehe Interessensgebiet Künstler. Gestalten und Nähen und Textilwaren

Interessensgebiet Nähen und Textilwaren und Techn. Verständnis
M4, M57
Interessensgebiete: Nähen und Textilwaren
Besondere Schwerpunkte: Handgeschicklichkeit, Techn. Verständnis

Interessensgebiet Sozialarbeit

Interessensgebiet Sozialarbeit ohne zusätzliche Schwerpunkte
M1, M20, M52

Interessensgebiet Sozialarbeit und Medizin/Krankenpflege
M7
Interessensgebiete: Medizin/Krankenpflege, Sozialarbeit

Interessensgebiet Sport

Interessensgebiet Sport und Fremdenverkehr
M73, M81
Interessensgebiete: Fremdenverkehr, Kaufm. Interesse
Besondere Schwerpunkte: Handgeschicklichkeit, Sport

Interessensgebiet Sport und Kaufm. Interesse
M70, M71, M94, M95
Interessensgebiete: Kaufm. Interesse
Besondere Schwerpunkte: Sport

Interessensgebiet Techn. Handwerk

Interessensgebiet Techn. Handwerk und Bautechnik
Siehe Interessensgebiet Bautechnik und Techn. Handwerk

Interessensgebiet Techn. Handwerk und Chemie/Physik
Siehe Interessensgebiet Chemie/Physik und Techn. Handwerk

Interessensgebiet Techn. Handwerk und Elektrotechnik
Siehe Interessensgebiet Elektrotechnik und Techn. Handwerk

Interessensgebiet Techn. Handwerk und Geometrie
Siehe Interessensgebiet Geometrie und Techn. Handwerk

Interessensgebiet Techn. Handwerk und Künstler. Gestalten
Siehe Interessensgebiet Kü+nsteler. Gestalten und Techn. Handwerk

Interessensgebiet Techn. Handwerk und Maschinenbau
Siehe Interessensgebiet Maschinenbau und Techn. Handwerk

Interessensgebiet Techn. Handwerk, Handgeschicklichkeit und Techn. Verständnis
M59
Interessensgebiete: Techn. Handwerk
Besondere Schwerpunkte: Handgeschicklichkeit, Techn. Verständnis

Interessensgebiet Techn. Verständnis

Bei Zusatzinteressen in Bautechnik, Biologie, Chemie/Physik, Elektrotechnik, Geometrie, Künstler. Gestalten sowie Nähen und Textilwaren
Siehe entsprechendes Interessensgebiet

Interessensgebiet Techn. Verständnis und Handgeschicklichkeit
M58, M66
Interessensgebiete: Bautechnik, Künstler. Gestalten, Techn. Handwerk
Besondere Schwerpunkte: Handgeschicklichkeit, Künstlerische Begabung, Techn. Verständnis
M36
Interessensgebiete: Bautechnik, Künstler. Gestalten, Techn. Handwerk
Besondere Schwerpunkte: Handgeschicklichkeit, Techn. Verständnis
M13
Interessensgebiete: Bautechnik, Techn. Handwerk
Besondere Schwerpunkte: Handgeschicklichkeit, Techn. Verständnis

M15
Interessensgebiete: Biologie, Chemie/Physik
Besondere Schwerpunkte: Handgeschicklichkeit, Techn. Verständnis
M21
Interessensgebiete: Chemie/Physik, Elektrotechnik, Maschinenbau, Techn. Handwerk
Besondere Schwerpunkte: Handgeschicklichkeit, Techn. Verständnis
M54
Interessensgebiete: Chemie/Physik, Nähen und Textilwaren
Besondere Schwerpunkte: Handgeschicklichkeit, Techn. Verständnis
M3, M22, M37, M38, M39, M40
Interessensgebiete: Elektrotechnik, Maschinenbau, Techn. Handwerk
Besondere Schwerpunkte: Handgeschicklichkeit, Techn. Verständnis
M18, M19, M43
Interessensgebiete: Elektrotechnik, Techn. Handwerk
Besondere Schwerpunkte: Handgeschicklichkeit, Techn. Verständnis
M35
Interessensgebiete: Geometrie, Künstler. Gestalten
Besondere Schwerpunkte: Handgeschicklichkeit, Techn. Verständnis
M55
Interessensgebiete: Geometrie, Künstler. Gestalten, Nähen und Textilwaren
Besondere Schwerpunkte: Handgeschicklichkeit, Techn. Verständnis
M56
Interessensgebiete: Künstler. Gestalten, Nähen und Textilwaren
Besondere Schwerpunkte: Handgeschicklichkeit, Techn. Verständnis
M41, M42
Interessensgebiete: Maschinenbau, Techn. Handwerk
Besondere Schwerpunkte: Handgeschicklichkeit, Techn. Verständnis

Interessensgebiet Techn. Verständnis und Künstlerische Begabung
M58, M66
Interessensgebiete: Bautechnik, Künstler. Gestalten, Techn. Handwerk
Besondere Schwerpunkte: Handgeschicklichkeit, Künstlerische Begabung, Techn. Verständnis

Liste der Schulformen

Mittlere Schulen ab der 9.Schulstufe

M1 „Wiener Jeschiwah" – Fachschule für jüdische Sozialberufe (Statut)
3 Jahre, Standort(e) in W

M2 Berufliche Lehranstalt für Sehgestörte und Blinde, Abteilung für Korb- und Möbelflechterei
4 Jahre, Standort(e) in St

M3 Berufliche Lehranstalt für Sehgestörte und Blinde, Abteilung für Metallbearbeitung
4 Jahre, Standort(e) in St

M4 Berufliche Lehranstalt für Sehgestörte und Blinde, Abteilung für Weberei
4 Jahre, Standort(e) in St

M5 Dreijährige Fachschule für Land- und Forsttechnik (6 Semester)
4 Jahre, Standort(e) in OÖ, St

M6 Dreijährige Fachschule für ländliche Hauswirtschaft
3 Jahre, Standort(e) in K, T, V

M7 Dreijährige Fachschule für Sozialberufe
3 Jahre, Standort(e) in K, NÖ, OÖ, St, W

M8 Dreijährige landwirtschaftliche Fachschule (1 volles Jahr, 2 Wintersemester)
3 Jahre, Standort(e) in OÖ, T, V

M9 Dreijährige landwirtschaftliche Fachschule (6 Semester)
4 Jahre, Standort(e) in K, T

M10 Dreijährige landwirtschaftliche Fachschule – Fachrichtung Gartenbau (4 Schulsemster)
3 Jahre, Standort(e) in K

M11 Dreijährige landwirtschaftliche Handelsschule (6 Semester)
4 Jahre, Standort(e) in St

M12 Fachschule für Altendienste und Pflegehilfe
3 Jahre, Standort(e) in T

M13 Fachschule für Bautechnik, Ausbildungszweig Maurer und Zimmerer
4 Jahre, Standort(e) in B, NÖ, OÖ, S, St, T, W

M14 Fachschule für Büchsenmacher
4 Jahre, Standort(e) in K

M15 Fachschule für Chemie, Ausbildungszweig Biochemie und Biotechnologie
4 Jahre, Standort(e) in W

M16 Fachschule für chemische Betriebstechnik
4 Jahre, Standort(e) in OÖ

M17 Fachschule für chemische Betriebstechnik, Schulversuch gemäß § 7 SchOG
3 Jahre, Standort(e) in OÖ

M18 Fachschule für Elektronik
4 Jahre, Standort(e) in NÖ, OÖ, St, T, V, W

M19 Fachschule für Elektrotechnik
4 Jahre, Standort(e) in K, NÖ, OÖ, S, St, T, V, W

M20 Fachschule für Familienhilfe
3 Jahre, Standort(e) in NÖ, S

M21 Fachschule für Feinwerktechnik
4 Jahre, Standort(e) in NÖ

M22 Fachschule für Flugtechnik
4 Jahre, Standort(e) in NÖ

M23 Fachschule für Glastechnik, Ausbildungszweig Hohlglas, Ausbildungszweig Flachglas, Ausbildungszweig Technisches Glas
4 Jahre, Standort(e) in T

M24 Fachschule für Holzwirtschaft und Sägetechnik
4 Jahre, Standort(e) in S

M25 Fachschule für Keramik und Ofenbau
4 Jahre, Standort(e) in B

M26 Fachschule für Kunsthandwerk, Ausbildungszweig Angewandte Malerei
4 Jahre, Standort(e) in T

M27 Fachschule für Kunsthandwerk, Ausbildungszweig Bildhauerei
4 Jahre, Standort(e) in OÖ, S, T

M28 Fachschule für Kunsthandwerk, Ausbildungszweig Drechslerei
4 Jahre, Standort(e) in OÖ

M29 Fachschule für Kunsthandwerk, Ausbildungszweig Gold- und Silberschmiede, Juweliere und Modeschmuckerzeuger
4 Jahre, Standort(e) in K, OÖ

M30 Fachschule für Kunsthandwerk, Ausbildungszweig Graveure, Gürtler, Stahlschneider und Modeschmuckerzeuger
4 Jahre, Standort(e) in K, OÖ

M31 Fachschule für Kunsthandwerk, Ausbildungszweig Kunstschmiede und Metallplastiker
4 Jahre, Standort(e) in OÖ

M32 Fachschule für Kunsthandwerk, Ausbildungszweig Streich- und Saiteninstrumentenerzeuger
4 Jahre, Standort(e) in OÖ

M33 Fachschule für Kunsthandwerk, Ausbildungszweig Textil-Design
4 Jahre, Standort(e) in S

M34 Fachschule für Kunsthandwerk, Ausbildungszweig Vergolder und Schilderhersteller
4 Jahre, Standort(e) in T

M35 Fachschule für Lederdesign, Schulversuch gemäß § 7 SchOG
4 Jahre, Standort(e) in W

M36 Fachschule für Malerei, Anstrich und verwandte handwerkliche Techniken (LPVO 1984)
3 Jahre, Standort(e) in NÖ

M37 Fachschule für Maschinenbau, Ausbildungszweig Allgemeiner Maschinenbau
4 Jahre, Standort(e) in B, K, NÖ, OÖ, S, St, T, V, W

M38 Fachschule für Maschinenbau, Ausbildungszweig Fertigungstechnik
4 Jahre, Standort(e) in K, NÖ, T, W

M39 Fachschule für Maschinenbau, Ausbildungszweig Fertigungstechnik, Schulversuch gemäß § 7 SchOG (auslaufend)
4 Jahre, Standort(e) in NÖ, T

M40 Fachschule für Maschinenbau, Ausbildungszweig Fertigungstechniker, Schulversuch gemäß § 7 SchOG
3 Jahre, Standort(e) in W

M41 Fachschule für Maschinenbau, Ausbildungszweig Kraftfahrzeugbau
4 Jahre, Standort(e) in NÖ, OÖ

M42 Fachschule für Maschinenbau, Ausbildungszweig Kraftfahrzeugbau, Schulversuch gemäß § 7 SchOG (auslaufend)
4 Jahre, Standort(e) in NÖ, OÖ

M43 Fachschule für Mikroelektronik
4 Jahre, Standort(e) in NÖ

M44 Fachschule für Mode und Bekleidungstechnik für Hörbehinderte, Ausbildungsschwerpunkt Modeatelier
3 Jahre, Standort(e) in W

M45 Fachschule für Mode und Bekleidungstechnik mit EDV-unterstütztem Fachunterricht, SV gemäß § 7 SchOG (auslaufend)
3 Jahre, Standort(e) in St

M46 Fachschule für Mode und Bekleidungstechnik, Ausbildungsschwerpunkt Bekleidungstechnik
3 Jahre, Standort(e) in NÖ, S, St

M47 Fachschule für Mode und Bekleidungstechnik, Ausbildungsschwerpunkt Modeatelier
3 Jahre, Standort(e) in OÖ, S

M48 Fachschule für Mode und Bekleidungstechnik, Ausbildungsschwerpunkt Modedesign
3 Jahre, Standort(e) in B, W

M49 Fachschule für Mode und Bekleidungstechnik, Sonderform für Gehörlose (auslaufend)
3 Jahre, Standort(e) in W

M50 Fachschule für Molkerei und Käsereiwirtschaft
3 Jahre, Standort(e) in NÖ, T

M51 Fachschule für Reproduktionstechnik und Drucktechnik, Ausbildungszweig Druckformentechnik
4 Jahre, Standort(e) in W

M52 Fachschule für soziale Betreuung (Statut)
2 Jahre, Standort(e) in B, OÖ
(Mindestalter 17 Jahre)

M53 Fachschule für Steinmetzerei
4 Jahre, Standort(e) in S

M54 Fachschule für Textilchemie
3 Jahre, Standort(e) in V

M55 Fachschule für Textiltechnik, Ausbildungszweig Bekleidungstechnik
3 Jahre, Standort(e) in NÖ, V

M56 Fachschule für Textiltechnik, Ausbildungszweig Maschinstickerei
3 Jahre, Standort(e) in V

M57 Fachschule für Textiltechnik, Ausbildungszweig Weberei und Spinnerei
3 Jahre, Standort(e) in NÖ, OÖ

M58 Fachschule für Tischlerei
4 Jahre, Standort(e) in K, NÖ, OÖ, S, T

M59 Fachschule für Uhrmacher
4 Jahre, Standort(e) in NÖ

M60 Fachschule für wirtschaftliche Berufe, Ausbildungsschwerpunkt: Betriebsorganisation und Wirtschaftsleitung
3 Jahre, Standort(e) in OÖ, St, T, V

M61 Fachschule für wirtschaftliche Berufe, Ausbildungsschwerpunkt: Ernährungs- und Betriebswirtschaft
3 Jahre, Standort(e) in K, NÖ, OÖ, S, St, T, W

M62 Fachschule für wirtschaftliche Berufe, Ausbildungsschwerpunkt: Gesundheit und Soziales
3 Jahre, Standort(e) in B, K, NÖ, OÖ, S, St, T, V, W

M63 Fachschule für wirtschaftliche Berufe, Ausbildungsschwerpunkt: Humanökologie
3 Jahre, Standort(e) in NÖ, St

M64 Fachschule für wirtschaftliche Berufe, Ausbildungsschwerpunkt: Kulturtouristik
3 Jahre, Standort(e) in NÖ, S, W

M65 Fachschule für wirtschaftliche Berufe, Ausbildungsschwerpunkt: Zweite lebende Fremdsprache
3 Jahre, Standort(e) in K, OÖ, S, St, T, V, W

M66 Fachschule für Zimmerer
4 Jahre, Standort(e) in S

M67 Gastgewerbefachschule (Spezialrichtungen Köche und Service), Schulversuch gemäß § 7 SchOG
3 Jahre, Standort(e) in W

M68 Gastgewerbeschule (Statut)
3 Jahre, Standort(e) in NÖ

M69 Handelsschule
3 Jahre, Standort(e) in B, K, NÖ, OÖ, S, St, T, V, W

M70 Handelsschule für Leistungssportler, Innsbruck, Schulversuch gemäß §7 SchOG
4 Jahre, Standort(e) in T

M71 Handelsschule für Leistungssportler, Mödling, Schulversuch gemäß §7 SchOG
4 Jahre, Standort(e) in NÖ

M72 Hotelfachschule, Ausbildungsschwerpunkt: Gastronomie
3 Jahre, Standort(e) in B, NÖ, OÖ, S, T, V, W

M73 Hotelfachschule, Ausbildungsschwerpunkt: Sport
3 Jahre, Standort(e) in K, OÖ

M74 Hotelfachschule, Ausbildungsschwerpunkt: Zweite lebende Fremdsprache
3 Jahre, Standort(e) in NÖ, OÖ, S, St, T, V, W

M75 Kunstschule, Fachrichtung Baugestaltung, Architektur und Innenarchitektur
4 Jahre, Standort(e) in W

M76 Modeschule, Fachabteilung für Modell-Lederwaren (auslaufend)
3 Jahre, Standort(e) in W

M77 Modeschule, Fachabteilung für Modellmodisterei (auslaufend)
3 Jahre, Standort(e) in W

M78 Modeschule, Fachabteilung für Strick- und Wirkmode (auslaufend)
3 Jahre, Standort(e) in W

M79 Modeschule, Fachabteilung für Textilentwurf und -druck (auslaufend)
3 Jahre, Standort(e) in W

M80 Modeschule, Fachabteilung Modeentwurf und Damenkleidermachen (auslaufend)
3 Jahre, Standort(e) in W

M81 Schihotelfachschule, Schulversuch gemäß § 7 SchOG
4 Jahre, Standort(e) in S

M82 Schule für Bildhauerei und Keramik
4 Jahre, Standort(e) in W

M83 Schule für darstellende Kunst und Musik
4 Jahre, Standort(e) in OÖ, W

M84 Schule für Gebrauchsgrafik und Schaufensterdekoration
4 Jahre, Standort(e) in W

M85 Schule für Informatikkaufleute (Statut)
3 Jahre, Standort(e) in NÖ, W

M86 Schule für Malerei
4 Jahre, Standort(e) in W

M87 Schulversuch Schulkooperation landwirtschaftliche Fachschule mit Handelsakademie – Fachrichtung Allgemeine Landwirtschaft
5 Jahre, Standort(e) in K

M88 Schulversuch Schulkooperation landwirtschaftliche Fachschule mit Handelsakademie – Fachrichtung Ländliche Hauswirtschaft
5 Jahre, Standort(e) in K

M89 Schulversuch Schulkooperation landwirtschaftliche Fachschule mit Handelsakademie – Fachrichtung Landwirtschaft mit Weinbau
5 Jahre, Standort(e) in NÖ

M90 Tourismusfachschule
3 Jahre, Standort(e) in NÖ, OÖ, T

M91 Vierjährige Fachschule für Gartenbau (6 Semester)
4 Jahre, Standort(e) in NÖ

M92 Vierjährige Fachschule für Landwirtschaft und Weinbau einschl. Kellerwirtschaft (8 Semester)
4 Jahre, Standort(e) in B, NÖ, St

M93 Vierjährige Fachschule für Obstbau (5 Schulsemester)
4 Jahre, Standort(e) in St

M94 Vierjährige kaufmännische Lehranstalt für Schisportler (Statut)
4 Jahre, Standort(e) in St

M95 Vierjährige kaufmännische Lehranstalt für Schisportler, Schulversuch gemäß § 7 SchOG
4 Jahre, Standort(e) in T

M96 Vierjährige Land- und Hauswirtschaftsschule – Fachbereich ländliche Hauswirtschaft
4 Jahre, Standort(e) in St

M97 Vierjährige landw. Fachschule – Fachr. Landwirtschaft mit Weinbau und Ländliche Hauswirtschaft, Schwerpunkt Landwirtschaft mit Weinbau
4 Jahre, Standort(e) in NÖ

M98 Vierjährige landwirtschaftliche Fachschule (1 volles Jahr, 3 Wintersemester)
4 Jahre, Standort(e) in B, NÖ, OÖ, St

M99 Vierjährige landwirtschaftliche Fachschule – Fachrichtung Landwirtschaft mit Feldgemüsebau
4 Jahre, Standort(e) in NÖ

M100 Vierjährige landwirtschaftliche Fachschule – Fachrichtung Landwirtschaft mit Wald- und Hauswirtschaft
4 Jahre, Standort(e) in NÖ

M101 Vierjährige landwirtschaftliche Fachschule – Fachrichtung Landwirtschaft mit Waldwirtschaft I
4 Jahre, Standort(e) in NÖ, OÖ

M102 Vierjährige landwirtschaftliche Fachschule – Fachrichtung Landwirtschaft mit Weinbau I
4 Jahre, Standort(e) in NÖ

M103 Vierjährige landwirtschaftliche Fachschule – Fachrichtung Landwirtschaft mit Weinbau und Waldwirtschaft
4 Jahre, Standort(e) in NÖ

Welche Ausbildung nach der Pflichtschulzeit kommt für mich in Frage?

➔ Dieses Kapitel ist für Sie wichtig, wenn Sie nach der Pflichtschulzeit (nach 9 Schuljahren) einen Beruf erlernen wollen.

➔ Oder, wenn Sie eine weiterführende Schule abbrechen wollen bzw. müssen und sich für einen Lehrberuf interessieren. In diesem Fall werden möglicherweise Teile der Lehrzeit angerechnet. Erkundigen Sie sich bei Ihrem Bildungsberater bzw. Ihrer Bildungsberaterin!

Die Berufsbildende Pflichtschule (Berufsschule)

Grundsätzliches
Für alle jene, die nach der Schulpflicht praktisch einen Beruf erlernen wollen, bietet sich das duale Ausbildungssystem (=ein Lehrberuf) an. Es erfolgt schon während der Ausbildungszeit eine Integration in das Berufsleben. Dementsprechend verfügen Lehrlinge bereits über ein eigenes Einkommen. Gewerbeberechtigungen können nach entsprechender Berufspraxis und Weiterbildung erworben werden. In manchen Bereichen bzw. Gebieten ist es allerdings sehr schwierig, eine geeignete Lehrstelle zu finden. Flexibilität hinsichtlich des genauen Berufswunsches bzw. des Ortes ist dann erforderlich. Nutzen Sie in diesem Fall die Beratungsangebote des Arbeitsmarktservices (→ Seite 168)!

Aufgabe der Berufsschule
Die Berufsschule hat die Aufgabe, in einem berufsbegleitenden fachlich einschlägigen Unterricht den berufsschulpflichtigen Personen die grund-

legenden theoretischen Kenntnisse zu vermitteln, ihre betriebliche Ausbildung zu fördern und zu ergänzen sowie die Allgemeinbildung zu erweitern.
Die Berufsschulen umfassen so viele Schulstufen (Schuljahre), wie es der Dauer des Lehrverhältnisses entspricht. Laut Berufsausbildungsgesetz können Berufe 2 – 4 Jahre dauern.
Voraussetzung für den Beginn einer Lehrlingsausbildung ist die Absolvierung der neunjährigen Schulpflicht.
Knapp 40 % eines Altersjahrganges beginnen eine Berufsausbildung im dualen System und besuchen daher die Berufsschule. Etwa 35% der 20–25jährigen Wohnbevölkerung hat in Österreich eine abgeschlossene Berufsausbildung nach dem dualen System (= Ausbildung in Betrieb und Berufsschule) absolviert.

Organisation
Die Berufsschulen werden als Berufsschulen für einen oder mehrere Lehrberufe geführt

Es gibt unterschiedliche Organisationsformen:
- als ganzjährige Berufsschule mit mindestens einem vollen Schultag oder mindestens zwei halben Schultagen in der Woche; oder
- als lehrgangsmäßige Berufsschule mit einem in jeder Schulstufe mindestens acht – in Schulstufen, die einem halben Jahr des Lehrfeldes entsprechend mindestens vier – Wochen dauernden Unterricht; oder
- als saisonmäßige Berufsschule mit einem auf eine bestimmte Jahreszeit zusammengezogenen Unterricht.

Im betriebswirtschaftlichen und fachtheoretischen Unterricht können in einem, zwei oder drei Pflichtgegenstand / Pflichtgegenständen die Schüler in zwei Leistungsgruppen gefördert werden.

Weiterbildungsmöglichkeiten
- Nach Praxis und Meister- bzw. Befähigungsprüfung Berechtigung zur selbständigen Ausübung eines facheinschlägigen Gewerbes
- Werkmeister- und Meisterschulen
- Vorbereitungslehrgänge (Übertritt in BHS möglich)
- Fachakademien (nach Praxis, Informationen bei den Wirtschaftsförderungsinstituten sowie Berufsförderungsinstituten)
- Fachhochschulen (nach Praxis und Zusatzprüfungen)
- Studienberechtigungsprüfungen
- Berufsreifeprüfung

Andere Schulen, die Berufsausbildungen nach der Pflichtschulzeit anbieten
Neben der Berufsausbildung im dualen System (durch Lehre und Berufsschule) und dem Besuch berufsbildender mittlerer oder höherer Schulen können berufliche Qualifikationen nach der Pflichtschule auch in einigen andere Schulen erworben werden. Diese Schulen werden meist nach eigenem Statut geführt und sind kostenpflichtig. Die erworbene Berufsausbildung führt in der Regel nicht zu gesetzlich anerkannten Berufsberechtigungen.

Von den eigenen Interessen und Schwerpunkten zur Schulwahl

Die folgende Zusammenstellung soll dabei helfen, Ideen zur Schulwahl zu entwickeln: Ideen, die von eigenen Interessen und Schwerpunkten ausgehen und Anstoß sein sollen, sich mit bestimmten Ausbildungsmöglichkeiten näher auseinanderzusetzen.
Die gefundenen Vorschläge sollten nicht kritiklos übernommen werden. Jede Schulform steht für ein breites (nicht nur durch wenige Begriffe zu beschreibendes) Angebot und für vielfältige Anforderungen. Sehen Sie die Vorschläge daher als Anregung und holen Sie weitere Informationen dazu ein! Fangen Sie rechtzeitig an, damit Sie für Ihre Entscheidung genug Zeit habe
Schulpsychologinnen und Schulpsychologen bzw. teilweise auch Schülerberaterinnen und Schülerberater verfügen über Hilfsmittel, durch die sich persönliche Interessen und schulische Inhalte umfassend und differenziert gegenüberstellen lassen (z. B. den eigens für diesen Zweck von der Schulpsychologie-Bildungsberatung entwickelten computergestützten Fragebogen FIT). Nutzen Sie dieses Angebot, wenn Sie unsicher sind!

Anleitung zum Gebrauch der Zusammenstellung

1. **Suchen Sie sich aus folgender Liste das für Sie wichtigste Interessensgebiet bzw. den für Sie wichtigsten Schwerpunkt heraus:**

   Bautechnik
   Chemie und Physik (Naturwissenschaften)
   Biologie (Zoologie und Botanik)

Elektrotechnik
Ernährung und Kochen
Erziehung und Unterricht
Fremdenverkehr (Tourismus)
Geometrie und Geometrisches Zeichnen
Kaufmännisches Interesse und Büro
Kunst und künstlerische Gestaltung
Land- und Forstwirtschaft
Maschinenbau
Medizin und Krankenpflege
Musik
Nähen und Textilwaren
Schulen mit Schwerpunkt Musik
(intensiver als nur normales Interesse für Musik)
Schulen mit Schwerpunkt Sport
Sozialarbeit
Technisch-handwerkliches Interesse
(insbesonders für praktisches Arbeiten)
Technisches Verständnis
(Freude auch an technisch-theoretischem Denken)

Ein Beispiel:

Renate, ein Schülerin einer 4.Klasse Hauptschule in Wien, befindet sich schon im neunten Schuljahr und will nächstes Jahr einen Lehrberuf ergreifen. Sie ist künstlerisch überaus begabt und interessiert sich auch sehr für Geometrie.

2. Suchen Sie auf den folgenden Seiten das Kapitel über das gewählte Interessensgebiet!

Renate schlägt daher das Kapitel über das Interessensgebiet „Künstlerische Begabung“ auf (→ Seite 139).

3. Suchen Sie innerhalb des gewählten Kapitels nach der Überschrift, die das für Sie zweitwichtigste Interessensgebiet bzw. einen zusätzlichen besonderen Schwerpunkt beschreibt!

Zusätzliche besondere Schwerpunkte sind:
Handgeschicklichkeit
Künstlerisch-zeichnerische Begabung

Es gibt nicht zu allen Kombinationen Vorschläge. Wenn zu Ihrer Interessenskombination kein Vorschlag existiert, so suchen Sie sich eine weitere für Sie interessante Überschrift. Oder sehen Sie nach, welche Vorschläge es zu dem zuerst gewählten Interessensgebiet allein (ohne Kobination mit einem anderen) gibt.

Da jede Kombinationen von zwei Gebieten nur einmal beschrieben ist, findet sich beim zweiten Vorkommen in der Tabelle nur ein Hinweis, in welchem Unterkapitel die gesuchten Informationen zu finden sind (z. B. bei Interessensgebiet Geometrie und Bautechnik der Hinweis auf das Interessensgebiet Bautechnik und Geometrie).

Renate sieht, dass beim Interessensgebiet „Künstlerische Begabung und Geometrie" der Hinweis „siehe Interessensgebie,Geometrie und Künstlerische Begabung" angebracht ist. Sie sucht daher dieses Interessensgebiet und findet es auf Seite 135.

4. Im so gefundenen Unterkapitel sind jeweils verschiedene Nummern, die bestimmte Schulformen bezeichnen, zu Gruppen zusammengefasst. Für jede Gruppe ist beschrieben, welche Interessensgebiete und besonderen Schwerpunkte die Schulformen dieser Gruppe unterstützen bzw. aufweisen. Suchen Sie sich eine oder mehrere Gruppen aus und notieren Sie sich die Nummern (z. B. B71,B75,B131,B135)!

Renate sieht, dass hier zwei Blöcke von Vorschlägen angegeben sind: Der erste Block mit den Schulformen B50, B146 und B150 enthält auch den Interessensschwerpunkt Nähen und Textilwaren. Renate hasst Nähen, das kommt also nicht in Frage. Die Schwerpunkte beim zweiten Block sprechen sie alle an. Sie notiert sich den einzigen Vorschlag B149.

5. Schlagen Sie in der Schulformliste am Ende der folgenden Übersicht nach, um welche Schulformen es sich handelt!

Bei jeder Schulform ist angegeben, wie lange sie dauert und in welchen Bundesländern sie angeboten wird. Informieren Sie sich beim Arbeitsmarktservice oder der Wirtschaftskammer über Lehrstellenangebote! Die Adressen der Schulen entnehmen Sie bitte der Broschüre „ABC des berufsbildenden Schulwesens". Oder Sie erfragen sie bei Ihrer Schülerberaterin bzw. Ihrem Schülerberater oder der Schulservicestelle in Ihrem Bundesland (Adresse und Telefonnummer → Seite 166 dieser Broschüre).

Wenn Ihr Bundesland bei einer Sie sehr interessierenden Lehrberuf bzw. einer Schulform nicht angegeben ist, fragen Sie bitte im Berufsinformationszentrum oder bei Ihrer Schülerberaterin bzw. Ihrem Schülerberater oder der Schulservicestelle nach, ob es in der Zwischenzeit nicht doch auch ein entsprechendes Angebot in Ihrem Bundesland gibt.

Auf Seite 153 findet Renate die Information, um welche Ausbildung es sich handelt: B149 steht für die Lehrberufe Gold- und Silberschmied und Juwelier, Edelsteinschleifer. Die Ausbildungsdauer beträgt vier Jahre. Es gibt auch eine entsprechende Berufsschule in Wien. Renate nimmt sich vor, sich zunächst in einem Berufsinformationszentrum genauer über diese Berufe zu informieren. Die Adresse findet sie ab Seite 168 dieser Broschüre.

Chance für Beraterinnen und Berater:
Schülerinnen und Schüler bei der Erkundung ihrer Interessen helfen! Die Interessensliste entspricht etwa der des Schul- und Berufsinteressenstestes (SBIT). Die nachfolgende Zusammenstellung basiert auf dem Computerprogramm SBS (Schullaufbahn-Beratungs-System).

INTERESSENSGEBIETE UND SCHULFORMEN

Berufliche Ausbildung nach der Schulpflicht

Interessensgebiet Bautechnik

Interessensgebiet Bautechnik ohne zusätzliche Schwerpunkte
B37

Interessensgebiet Bautechnik und Geometrie
B34, B215
Interessensgebiete: Bautechnik, Geometrie
Besondere Schwerpunkte: Handgeschicklichkeit, Techn. Verständnis

Interessensgebiet Bautechnik und Handgeschicklichkeit
B34
Interessensgebiete: Bautechnik, Geometrie

Besondere Schwerpunkte: Handgeschicklichkeit, Techn. Verständnis
B15, B67, B88, B112, B148
Interessensgebiete: Bautechnik, Künstler. Gestalten, Techn. Handwerk
Besondere Schwerpunkte: Handgeschicklichkeit, Künstlerische Begabung
B13, B47, B74, B104, B204, B213
Interessensgebiete: Bautechnik, Techn. Handwerk
Besondere Schwerpunkte: Handgeschicklichkeit

Interessensgebiet Bautechnik und Künstler. Gestalten
B15, B67, B88, B112, B148, B198, B206
Interessensgebiete: Bautechnik, Künstler. Gestalten, Techn. Handwerk
Besondere Schwerpunkte: Handgeschicklichkeit, Künstlerische Begabung

Interessensgebiet Bautechnik und Künstlerische Begabung
B15, B148
Interessensgebiete: Bautechnik, Künstler. Gestalten, Techn. Handwerk
Besondere Schwerpunkte: Handgeschicklichkeit, Künstlerische Begabung

Interessensgebiet Bautechnik und Techn. Handwerk
B15, B88, B112, B148
Interessensgebiete: Bautechnik, Künstler. Gestalten, Techn. Handwerk
Besondere Schwerpunkte: Handgeschicklichkeit, Künstlerische Begabung
B13, B17, B40, B47, B74, B83, B91, B98, B100, B110, B113, B132, B204, B213, B214, B222
Interessensgebiete: Bautechnik, Techn. Handwerk
Besondere Schwerpunkte: Handgeschicklichkeit

Interessensgebiet Bautechnik und Techn. Verständnis
B34, B215
Interessensgebiete: Bautechnik, Geometrie
Besondere Schwerpunkte: Handgeschicklichkeit, Techn. Verständnis

Interessensgebiet Biologie

Interessensgebiet Biologie und Handgeschicklichkeit
B147
Interessensgebiete: Biologie, Künstler. Gestalten, Land-/Forstwirtschaft
Besondere Schwerpunkte: Handgeschicklichkeit

B118, B201
Interessensgebiete: Biologie, Land-/Forstwirtschaft
Besondere Schwerpunkte: Handgeschicklichkeit
B26
Interessensgebiete: Biologie, Medizin/Krankenpflege
Besondere Schwerpunkte: Handgeschicklichkeit

Interessensgebiet Biologie und Kaufmänn. Interesse
B211
Interessensgebiete: Biologie, Kaufmänn. Interesse, Land-/Forstwirtschaft

Interessensgebiet Biologie und Künstler. Gestalten
B147
Interessensgebiete: Biologie, Künstler. Gestalten, Land-/Forstwirtschaft
Besondere Schwerpunkte: Handgeschicklichkeit

Interessensgebiet Biologie und Land-/Forstwirtschaft
B147
Interessensgebiete: Biologie, Künstler. Gestalten, Land-/Forstwirtschaft
Besondere Schwerpunkte: Handgeschicklichkeit
B27, B36
Interessensgebiete: Biologie, Land-/Forstwirtschaft
B118, B201
Interessensgebiete: Biologie, Land-/Forstwirtschaft
Besondere Schwerpunkte: Handgeschicklichkeit
B199
Interessensgebiete: Biologie, Land-/Forstwirtschaft, Nähen und Textilwaren
B211
Interessensgebiete: Biologie, Kaufmänn. Interesse, Land-/Forstwirtschaft

Interessensgebiet Biologie und Medizin/Krankenpflege
B26
Interessensgebiete: Biologie, Medizin/Krankenpflege
Besondere Schwerpunkte: Handgeschicklichkeit

Interessensgebiet Biologie und Nähen und Textilwaren
B199
Interessensgebiete: Biologie, Land-/Forstwirtschaft, Nähen und Textilwaren

Interessensgebiet Chemie/Physik

Interessensgebiet Chemie/Physik und Ernährung/Kochen
B39
Interessensgebiete: Chemie/Physik, Ernährung/Kochen
Besondere Schwerpunkte: Handgeschicklichkeit

Interessensgebiet Chemie/Physik und Handgeschicklichkeit
B44, B105
Interessensgebiete: Chemie/Physik
Besondere Schwerpunkte: Handgeschicklichkeit, Techn. Verständnis
B39, B45, B49, B102, B116, B126
Interessensgebiete: Chemie/Physik, Ernährung/Kochen
Besondere Schwerpunkte: Handgeschicklichkeit
B46
Interessensgebiete: Chemie/Physik, Maschinenbau, Techn. Handwerk
Besondere Schwerpunkte: Handgeschicklichkeit, Techn. Verständnis
B160
Interessensgebiete: Chemie/Physik, Techn. Handwerk
Besondere Schwerpunkte: Handgeschicklichkeit, Techn. Verständnis

Interessensgebiet Chemie/Physik und Künstler. Gestalten
B161
Interessensgebiete: Chemie/Physik, Künstler. Gestalten

Interessensgebiet Chemie/Physik und Maschinenbau
B46
Interessensgebiete: Chemie/Physik, Maschinenbau, Techn. Handwerk
Besondere Schwerpunkte: Handgeschicklichkeit, Techn. Verständnis

Interessensgebiet Chemie/Physik und Techn. Handwerk
B46
Interessensgebiete: Chemie/Physik, Maschinenbau, Techn. Handwerk
Besondere Schwerpunkte: Handgeschicklichkeit, Techn. Verständnis
B160
Interessensgebiete: Chemie/Physik, Techn. Handwerk
Besondere Schwerpunkte: Handgeschicklichkeit, Techn. Verständnis

Interessensgebiet Chemie/Physik und Techn. Verständnis
B44, B105
Interessensgebiete: Chemie/Physik
Besondere Schwerpunkte: Handgeschicklichkeit, Techn. Verständnis
B46
Interessensgebiete: Chemie/Physik, Maschinenbau, Techn. Handwerk
Besondere Schwerpunkte: Handgeschicklichkeit, Techn. Verständnis
B160
Interessensgebiete: Chemie/Physik, Techn. Handwerk
Besondere Schwerpunkte: Handgeschicklichkeit, Techn. Verständnis

Interessensgebiet EDV

Interessensgebiet EDV und Elektrotechnik
B205
Interessensgebiete: EDV, Elektrotechnik
Besondere Schwerpunkte: Technisches Verständnis
B210
Interessensgebiete: EDV, Elektrotechnik, Maschinenbau
Besondere Schwerpunkte: Technisches Verständnis

Interessensgebiet EDV und Kaufmänn. Interesse
B209
Interessensgebiete: EDV, Kaufmänn. Interesse

Interessensgebiet EDV und Maschinenbau
B210
Interessensgebiete: EDV, Elektrotechnik, Maschinenbau
Besondere Schwerpunkte: Technisches Verständnis

Interessensgebiet Elektrotechnik

Interessensgebiet Elektrotechnik und EDV
Siehe Interessensgebiet EDV und Elektrotechnik

Interessensgebiet Elektrotechnik und Handgeschicklichkeit
B11
Interessensgebiete: Elektrotechnik, Maschinenbau, Techn. Handwerk

Besondere Schwerpunkte: Handgeschicklichkeit
B30, B31, B56, B57, B103, B141
Interessensgebiete: Elektrotechnik, Techn. Handwerk
Besondere Schwerpunkte: Handgeschicklichkeit
B142, B153
Interessensgebiete: Elektrotechnik, Techn. Handwerk
Besondere Schwerpunkte: Handgeschicklichkeit, Techn. Verständnis

Interessensgebiet Elektrotechnik und Maschinenbau
B11
Interessensgebiete: Elektrotechnik, Maschinenbau, Techn. Handwerk
Besondere Schwerpunkte: Handgeschicklichkeit

Interessensgebiet Elektrotechnik und Techn. Handwerk
B11
Interessensgebiete: Elektrotechnik, Maschinenbau, Techn. Handwerk
Besondere Schwerpunkte: Handgeschicklichkeit
B30, B31, B56, B57, B103, B141
Interessensgebiete: Elektrotechnik, Techn. Handwerk
Besondere Schwerpunkte: Handgeschicklichkeit
B142, B153
Interessensgebiete: Elektrotechnik, Techn. Handwerk
Besondere Schwerpunkte: Handgeschicklichkeit, Techn. Verständnis

Interessensgebiet Elektrotechnik und Techn. Verständnis
B142, B153
Interessensgebiete: Elektrotechnik, Techn. Handwerk
Besondere Schwerpunkte: Handgeschicklichkeit, Techn. Verständnis

Interessensgebiet Ernährung/Kochen

Interessensgebiet Ernährung/Kochen ohne zusätzliche Schwerpunkte
B25

Interessensgebiet Ernährung/Kochen und Chemie/Physik
Siehe Interessensgebiet Chemie/Physik und Ernährung/Kochen

Interessensgebiet Ernährung/Kochen und Fremdenverkehr
B12, B70, B108
Interessensgebiete: Ernährung/Kochen, Fremdenverkehr
Besondere Schwerpunkte: Handgeschicklichkeit

Interessensgebiet Ernährung/Kochen und Handgeschicklichkeit
B12, B70, B108
Interessensgebiete: Ernährung/Kochen, Fremdenverkehr
Besondere Schwerpunkte: Handgeschicklichkeit
B9, B32, B59, B63, B79, B94, B95, B154
Interessensgebiete: Ernährung/Kochen, Künstler. Gestalten
Besondere Schwerpunkte: Handgeschicklichkeit

Interessensgebiet Ernährung/Kochen und Kaufmänn. Interesse
B223
Interessensgebiete: Ernährung/Kochen, Kaufmänn. Interesse

Interessensgebiet Ernährung/Kochen und Künstler. Gestalten
B9, B32, B154
Interessensgebiete: Ernährung/Kochen, Künstler. Gestalten
Besondere Schwerpunkte: Handgeschicklichkeit

Interessensgebiet Ernährung/Kochen und Sozialarbeit
B18
Interessensgebiete: Ernährung/Kochen, Sozialarbeit

Interessensgebiet Erziehung und Unterricht

Interessensgebiet Erziehung und Unterricht und Sport
B167 bis B195 (Lehrgänge)
Interessensgebiete: Erziehung und Unterricht
Besondere Schwerpunkte: Spor
B216 (Lehrberuf)
Interessensgebiete: Erziehung und Unterricht
Besondere Schwerpunkte: Sport

Interessensgebiet Fremdenverkehr (Tourismus)

Interessensgebiet Fremdenverkehr und Ernährung/Kochen
Siehe Interessensgebiet Ernährung/Kochen und Fremdenverkehr

Interessensgebiet Fremdenverkehr und Kaufm. Interesse
B106
Interessensgebiete: Fremdenverkehr, Kaufm. Interesse

Interessensgebiet Geometrie

Interessensgebiet Geometrie und Bautechnik
Siehe Interessensgebiet Bautechnik und Geometrie

Interessensgebiet Geometrie und Handgeschicklichkeit
B48, B60, B71, B77, B82, B85, B165
Interessensgebiete: Geometrie, Künstler. Gestalten, Nähen und Textilwaren
Besondere Schwerpunkte: Handgeschicklichkeit
B50, B146, B150
Interessensgebiete: Geometrie, Künstler. Gestalten, Nähen und Textilwaren
Besondere Schwerpunkte: Handgeschicklichkeit, Künstlerische Begabung, Techn. Verständnis
B149
Interessensgebiete: Geometrie, Künstler. Gestalten, Techn. Handwerk
Besondere Schwerpunkte: Handgeschicklichkeit, Künstlerische Begabung
B127
Interessensgebiete: Geometrie, Maschinenbau, Techn. Handwerk
Besondere Schwerpunkte: Handgeschicklichkeit
B114, B159
Interessensgebiete: Geometrie, Techn. Handwerk
Besondere Schwerpunkte: Handgeschicklichkeit, Techn. Verständnis

Interessensgebiet Geometrie und Künstler. Gestalten
B48, B60, B71, B77, B82, B85, B165
Interessensgebiete: Geometrie, Künstler. Gestalten, Nähen und Textilwaren
Besondere Schwerpunkte: Handgeschicklichkeit
B50, B146, B150
Interessensgebiete: Geometrie, Künstler. Gestalten, Nähen und Textilwaren
Besondere Schwerpunkte: Handgeschicklichkeit, Künstlerische Begabung, Techn. Verständnis
B149
Interessensgebiete: Geometrie, Künstler. Gestalten, Techn. Handwerk
Besondere Schwerpunkte: Handgeschicklichkeit, Künstlerische Begabung

Interessensgebiet Geometrie und Künstlerische Begabung
B50, B146, B150
Interessensgebiete: Geometrie, Künstler. Gestalten, Nähen und Textilwaren
Besondere Schwerpunkte: Handgeschicklichkeit, Künstlerische Begabung, Techn. Verständnis
B149
Interessensgebiete: Geometrie, Künstler. Gestalten, Techn. Handwerk
Besondere Schwerpunkte: Handgeschicklichkeit, Künstlerische Begabung

Interessensgebiet Geometrie und Maschinenbau
B127
Interessensgebiete: Geometrie, Maschinenbau, Techn. Handwerk
Besondere Schwerpunkte: Handgeschicklichkeit

Interessensgebiet Geometrie und Nähen und Textilwaren
B48, B71, B82, B85, B165
Interessensgebiete: Geometrie, Künstler. Gestalten, Nähen und Textilwaren
Besondere Schwerpunkte: Handgeschicklichkeit
B50, B146, B150
Interessensgebiete: Geometrie, Künstler. Gestalten, Nähen und Textilwaren
Besondere Schwerpunkte: Handgeschicklichkeit, Künstlerische Begabung, Techn. Verständnis

Interessensgebiet Geometrie und Techn. Handwerk
B149
Interessensgebiete: Geometrie, Künstler. Gestalten, Techn. Handwerk
Besondere Schwerpunkte: Handgeschicklichkeit, Künstlerische Begabung
B127
Interessensgebiete: Geometrie, Maschinenbau, Techn. Handwerk
Besondere Schwerpunkte: Handgeschicklichkeit
B114, B159
Interessensgebiete: Geometrie, Techn. Handwerk
Besondere Schwerpunkte: Handgeschicklichkeit, Techn. Verständnis

Interessensgebiet Geometrie und Techn. Verständnis
B50, B146
Interessensgebiete: Geometrie, Künstler. Gestalten, Nähen und Textilwaren
Besondere Schwerpunkte: Handgeschicklichkeit, Künstlerische Begabung, Techn. Verständnis
B114
Interessensgebiete: Geometrie, Techn. Handwerk
Besondere Schwerpunkte: Handgeschicklichkeit, Techn. Verständnis

Interessensgebiet Kaufm. Interesse

Interessensgebiet Kaufm. Interesse ohne zusätzliche Schwerpunkte
B42, B61, B66, B73, B125, B139, B140, B202, B203, B207, B208, B212, B217

Interessensgebiet Kaufm. Interesse und Biologie
Siehe Interessensgebiet Biologie und Kaufm. Interesse

Interessensgebiet Kaufm. Interesse und EDV
Siehe Interessensgebiet EDV und Kaufm. Interesse

Interessensgebiet Kaufm. Interesse und Ernährung/Kochen
Siehe Interessensgebiet Ernährung/Kochen und Kaufm. Interesse

Interessensgebiet Kaufm. Interesse und Handgeschicklichkeit
B52, B111
Interessensgebiete: Kaufm. Interesse, Medizin/Krankenpflege
Besondere Schwerpunkte: Handgeschicklichkeit

Interessensgebiet Kaufm. Interesse und Land-/Forstwirtschaft
Siehe Interessensgebiet Biologie und Kaufm. Interesse

Interessensgebiet Kaufm. Interesse und Maschinenbau
B35
Interessensgebiete: Kaufm. Interesse, Maschinenbau

Interessensgebiet Kaufm. Interesse und Medizin/Krankenpflege
B52, B99
Interessensgebiete: Kaufm. Interesse, Medizin/Krankenpflege
Besondere Schwerpunkte: Handgeschicklichkeit

Interessensgebiet Künstler. Gestalten

Interessensgebiet Künstler. Gestalten ohne zusätzliche Schwerpunkte
B54, B107, B120

Interessensgebiet Künstler. Gestalten und Bautechnik
Siehe Interessensgebiet Bautechnik und Künstler. Gestalten

Interessensgebiet Künstler. Gestalten und Biologie
Siehe Interessensgebiet Biologie und Künstler. Gestalten

Interessensgebiet Künstler. Gestalten und Chemie/Physik
Siehe Interessensgebiet Chemie/Physik und Künstler. Gestalten

Interessensgebiet Künstler. Gestalten und Ernährung/Kochen
Siehe Interessensgebiet Ernährung/Kochen und Künstler. Gestalten

Interessensgebiet Künstler. Gestalten und Geometrie
Siehe Interessensgebiet Geometrie und Künstler. Gestalten

Interessensgebiet Künstler. Gestalten und Handgeschicklichkeit
B65, B78
Interessensgebiete: Künstler. Gestalten
Besondere Schwerpunkte: Handgeschicklichkeit, Künstlerische Begabung
B41, B53, B55, B58, B92, B138, B151
Interessensgebiete: Künstler. Gestalten, Maschinenbau, Techn. Handwerk
Besondere Schwerpunkte: Handgeschicklichkeit
B62, B80
Interessensgebiete: Künstler. Gestalten, Medizin/Krankenpflege
Besondere Schwerpunkte: Handgeschicklichkeit
B130
Interessensgebiete: Künstler. Gestalten, Medizin/Krankenpflege, Techn. Handwerk
Besondere Schwerpunkte: Handgeschicklichkeit
B117
Interessensgebiete: Künstler. Gestalten, Musik
Besondere Schwerpunkte: Handgeschicklichkeit
B101, B144, B158, B163
Interessensgebiete: Künstler. Gestalten, Nähen und Textilwaren
Besondere Schwerpunkte: Handgeschicklichkeit
B69, B135
Interessensgebiete: Künstler. Gestalten, Techn. Handwerk
Besondere Schwerpunkte: Handgeschicklichkeit, Künstlerische Begabung

Interessensgebiet Künstler. Gestalten und Künstlerische Begabung
B65, B78, B218
Interessensgebiete: Künstler. Gestalten

Besondere Schwerpunkte: Handgeschicklichkeit, Künstlerische Begabung
B69, B135
Interessensgebiete: Künstler. Gestalten, Techn. Handwerk
Besondere Schwerpunkte: Handgeschicklichkeit, Künstlerische Begabung

Interessensgebiet Künstler. Gestalten und Maschinenbau
B41, B92, B151, B219
Interessensgebiete: Künstler. Gestalten, Maschinenbau, Techn. Handwerk
Besondere Schwerpunkte: Handgeschicklichkeit

Interessensgebiet Künstler. Gestalten und Medizin/Krankenpflege
B62, B80
Interessensgebiete: Künstler. Gestalten, Medizin/Krankenpflege
Besondere Schwerpunkte: Handgeschicklichkeit
B130
Interessensgebiete: Künstler. Gestalten, Medizin/Krankenpflege, Techn. Handwerk
Besondere Schwerpunkte: Handgeschicklichkeit

Interessensgebiet Künstler. Gestalten und Musik
B117
Interessensgebiete: Künstler. Gestalten, Musik
Besondere Schwerpunkte: Handgeschicklichkeit

Interessensgebiet Künstler. Gestalten und Nähen und Textilwaren
B101, B144, B158, B163
Interessensgebiete: Künstler. Gestalten, Nähen und Textilwaren
Besondere Schwerpunkte: Handgeschicklichkeit

Interessensgebiet Künstler. Gestalten und Techn. Handwerk
B41, B92, B151
Interessensgebiete: Künstler. Gestalten, Maschinenbau, Techn. Handwerk
Besondere Schwerpunkte: Handgeschicklichkeit
B130
Interessensgebiete: Künstler. Gestalten, Medizin/Krankenpflege, Techn. Handwerk
Besondere Schwerpunkte: Handgeschicklichkeit
B69, B135
Interessensgebiete: Künstler. Gestalten, Techn. Handwerk
Besondere Schwerpunkte: Handgeschicklichkeit, Künstlerische Begabung

Interessensgebiet Künstlerische Begabung

Interessensgebiet Künstler. Begabung und Bautechnik
Siehe Interessensgebiet Bautechnik und Künstler. Begabung

Interessensgebiet Künstler. Begabung und Geometrie
Siehe Interessensgebiet Geometrie und Künstler. Begabung

Interessensgebiet Künstlerische Begabung und Handgeschicklichkeit
B15, B148
Interessensgebiete: Bautechnik, Künstler. Gestalten, Techn. Handwerk
Besondere Schwerpunkte: Handgeschicklichkeit, Künstlerische Begabung
B50, B146, B150
Interessensgebiete: Geometrie, Künstler. Gestalten, Nähen und Textilwaren
Besondere Schwerpunkte: Handgeschicklichkeit, Künstlerische Begabung, Techn. Verständnis
B149
Interessensgebiete: Geometrie, Künstler. Gestalten, Techn. Handwerk
Besondere Schwerpunkte: Handgeschicklichkeit, Künstlerische Begabung
B69, B135
Interessensgebiete: Künstler. Gestalten, Techn. Handwerk
Besondere Schwerpunkte: Handgeschicklichkeit, Künstlerische Begabung

Interessensgebiet Künstlerische Begabung und Techn. Verständnis
B50, B146
Interessensgebiete: Geometrie, Künstler. Gestalten, Nähen und Textilwaren
Besondere Schwerpunkte: Handgeschicklichkeit, Künstlerische Begabung, Techn. Verständnis

Interessensgebiet Land-/Forstwirtschaft

Interessensgebiet Land-/Forstwirtschaft ohne zusätzliche Schwerpunkte
B2, B3, B4, B5, B6, B7, B8

Interessensgebiet Land-/Forstwirtschaft und Biologie
Siehe Interessensgebiet Biologie und Land-/Forstwirtschaft

Interessensgebiet Land-/Forstwirtschaft und Kaufmänn. Interesse
Siehe Interessensgebiet Kaufmänn. Interesse und Land-/Forstwirtschaft

Interessensgebiet Land-/Forstwirtschaft und Nähen und Textilwaren
B199
Interessensgebiete: Biologie, Land-/Forstwirtschaft, Nähen und Textilwaren

Interessensgebiet Maschinenbau

Interessensgebiet Maschinenbau und Chemie/Physik
Siehe Interessensgebiet Chemie/Physik und Maschinenbau

Interessensgebiet Maschinenbau und EDV
Siehe Interessensgebiet EDV und Maschinenbau

Interessensgebiet Maschinenbau und Elektrotechnik
Siehe Interessensgebiet Elektrotechnik und Maschinenbau

Interessensgebiet Maschinenbau und Geometrie
Siehe Interessensgebiet Geometrie und Maschinenbau

Interessensgebiet Maschinenbau, Handgeschicklichkeit und Techn. Handwerk
B16, B72, B75, B84, B86, B87, B89, B115, B121, B124, B128, B129, B133, B137, B143, B155, B156, B157, B164, B220
Interessensgebiete: Maschinenbau, Techn. Handwerk
Besondere Schwerpunkte: Handgeschicklichkeit

Interessensgebiet Maschinenbau und Kaufmännisches Interesse
Siehe Interessensgebiet Kaufmänn. Interesse und Maschinenbau

Interessensgebiet Maschinenbau und Künstlerisches Gestalten
Siehe Interessensgebiet Künstler. Gestalten und Maschinenbau

Interessensgebiet Medizin/Krankenpflege

Interessensgebiet Medizin/Krankenpflege und Medizin/Krankenpflege ohne zusätzliche Schwerpunkte
B28
Interessensgebiete: Medizin/Krankenpflege

Interessensgebiet Medizin/Krankenpflege und Biologie
Siehe Interessensgebiet Biologie und Medizin/Krankenpflege

Interessensgebiet Medizin/Krankenpflege und Handgeschicklichkeit
B33, B90, B96
Interessensgebiete: Medizin/Krankenpflege, Techn. Handwerk
Besondere Schwerpunkte: Handgeschicklichkeit

Interessensgebiet Medizin/Krankenpflege und Kaufmännisches Interesse
Siehe Interessensgebiet Kaufm. Interesse und Medizin/Krankenpflege

Interessensgebiet Medizin/Krankenpflege und Künstler. Gestalten
Siehe Interessensgebiet Künstler. Gestalten und Medizin/Krankenpflege

Interessensgebiet Medizin/Krankenpflege und Sozialarbeit
B19, B20
Interessensgebiete: Medizin/Krankenpflege, Sozialarbeit

Interessensgebiet Medizin/Krankenpflege und Techn. Handwerk
B33, B96
Interessensgebiete: Medizin/Krankenpflege, Techn. Handwerk
Besondere Schwerpunkte: Handgeschicklichkeit

Interessensgebiet Musik

Interessensgebiet Musik und Handgeschicklichkeit
B136
Interessensgebiete: Musik
Besondere Schwerpunkte: Handgeschicklichkeit

Interessensgebiet Musik und Künstlerisches Gestalten
Siehe Interessensgebiet Künstler. Gestalten und Musik

Interessensgebiet Musik und Musikal. Begabung
B197
Interessensgebiete: Musik
Besondere Schwerpunkte: Musikal. Begabung

Interessensgebiet Nähen und Textilwaren

Interessensgebiet Nähen und Textilwaren und Biologie
Siehe Interessensgebiet Biologie und Nähen und Textilwaren

Interessensgebiet Nähen und Textilwaren und Geometrie
Siehe Interessensgebiet Geometrie und Nähen und Textilwaren

Interessensgebiet Nähen und Textilwaren und Handgeschicklichkeit
B134, B152
Interessensgebiete: Nähen und Textilwaren
Besondere Schwerpunkte: Handgeschicklichkeit

Interessensgebiet Nähen und Textilwaren und Künstlerisches Gestalten
Siehe Interessensgebiet Künstler. Gestalten und Nähen und Textilwaren

Interessensgebiet Nähen und Textilwaren und Land-/Forstwirtschaft
Siehe Interessensgebiet Land-/Forstwirtschaft und Nähen und Textilwaren

Interessensgebiet Sozialarbeit

Interessensgebiet Sozialarbeit ohne zusätzliche Schwerpunkte
B21, B22, B23, B24, B29

Interessensgebiet Sozialarbeit und Ernährung/Kochen
Siehe Interessensgebiet Ernährung/Kochen und Sozialarbeit

Interessensgebiet Sozialarbeit und Medizin/Krankenpflege
Siehe Interessensgebiet Medizin/Krankenpflege und Sozialarbeit

Interessensgebiet Techn. Handwerk

Interessensgebiet Techn. Handwerk ohne zusätzliche Schwerpunkte
B122

Interessensgebiet Techn. Handwerk und Bautechnik
Siehe Interessensgebiet Bautechnik und Techn. Handwerk

Interessensgebiet Techn. Handwerk und Chemie/Physik
Siehe Interessensgebiet Chemie/Physik und Techn. Handwerk

Interessensgebiet Techn. Handwerk und Elektrotechnik
Siehe Interessensgebiet Elektrotechnik und Techn. Handwerk

Interessensgebiet Techn. Handwerk und Geometrie
Siehe Interessensgebiet Geometrie und Techn. Handwerk

Interessensgebiet Techn. Handwerk und Handgeschicklichkeit
B10, B14, B38, B51, B64, B68, B76, B93, B109, B119, B123, B131, B145, B162
Interessensgebiete: Techn. Handwerk
Besondere Schwerpunkte: Handgeschicklichkeit

Interessensgebiet Techn. Handwerk und Künstlerisches Gestalten
Siehe Interessensgebiet Künstler. Gestalten und Techn. Handwerk

Interessensgebiet Techn. Handwerk und Maschinenbau
Siehe Interessensgebiet Maschinenbau und Techn. Handwerk

Interessensgebiet Techn. Handwerk und Medizin/Krankenpflege
Siehe Interessensgebiet Medizin/Krankenpflege und Techn. Handwerk

Interessensgebiet Techn. Handwerk und Sport
B221

Interessensgebiet Techn. Verständnis

Interessensgebiet Techn. Verständnis und Bautechnik
Siehe Interessensgebiet Bautechnik und Techn. Verständnis

Interessensgebiet Techn. Verständnis und Chemie/Physik
Siehe Interessensgebiet Chemie/Physik und Techn. Verständnis

Interessensgebiet Techn. Verständnis und EDV
Siehe Interessensgebiet EDV und Elektrotechnik

Interessensgebiet Techn. Verständnis und Elektrotechnik
Siehe Interessensgebiet Elektrotechnik und Techn. Verständnis

Interessensgebiet Techn. Verständnis und Geometrie
Siehe Interessensgebiet Geometrie und Techn. Verständnis

Interessensgebiet Techn. Verständnis und Handgeschicklichkeit
B34
Interessensgebiete: Bautechnik, Geometrie
Besondere Schwerpunkte: Handgeschicklichkeit, Techn. Verständnis
B46
Interessensgebiete: Chemie/Physik, Maschinenbau, Techn. Handwerk
Besondere Schwerpunkte: Handgeschicklichkeit, Techn. Verständnis
B160
Interessensgebiete: Chemie/Physik, Techn. Handwerk
Besondere Schwerpunkte: Handgeschicklichkeit, Techn. Verständnis
B142, B153
Interessensgebiete: Elektrotechnik, Techn. Handwerk
Besondere Schwerpunkte: Handgeschicklichkeit, Techn. Verständnis
B50, B146
Interessensgebiete: Geometrie, Künstler. Gestalten, Nähen und Textilwaren
Besondere Schwerpunkte: Handgeschicklichkeit, Künstlerische Begabung, Techn. Verständnis
B114
Interessensgebiete: Geometrie, Techn. Handwerk
Besondere Schwerpunkte: Handgeschicklichkeit, Techn. Verständnis

Interessensgebiet Techn. Verständnis und Künstlerische Begabung
B50, B146
Interessensgebiete: Geometrie, Künstler. Gestalten, Nähen und Textilwaren
Besondere Schwerpunkte: Handgeschicklichkeit, Künstlerische Begabung, Techn. Verständnis

Schulen und Ausbidungen mit Schwerpunkt Sport

Interessensgebiet Sport und Erziehung und Unterricht
Siehe Interessensgebiet Erziehung und Unterricht und Sport

Interessensgebiet Sport und Technisches Handwerk
B221

Liste der Schulformen

Berufsausbildung nach der Schulpflicht

(Personenbezogene Bezeichnungen gelten jeweils auch in ihrer weiblichen Form)

B1 Ausbildungsinstitut für Mitarbeiter in der Erwachsenenbildung (Statut)
2 Jahre, Standort(e) in NÖ

B2 Berufsschule für Bienenwirtschaft
3 Jahre, Standort(e) in St

B3 Berufsschule für Forstwirtschaft
3 Jahre, Standort(e) in T

B4 Berufsschule für Gartenbau
3 Jahre, Standort(e) in K, NÖ, OÖ, S, St, T

B5 Berufsschule für ländliche Hauswirtschaft
3 Jahre, Standort(e) in NÖ, OÖ

B6 Berufsschule für Landwirtschaft
3 Jahre, Standort(e) in OÖ, St

B7 Berufsschule für Landwirtschaft mit Waldwirtschaft
3 Jahre, Standort(e) in NÖ

B8 Berufsschule für Weinbau und Kellerwirtschaft
3 Jahre, Standort(e) in NÖ

B9 Doppellehrberuf Bäcker, Konditor
4 Jahre, Standort(e) in K, NÖ, OÖ, T, V, W

B10 Doppellehrberuf Gas- und Wasserleitungsinstallateur, Zentralheizungsbauer
4 Jahre, Standort(e) in B, K, NÖ, OÖ, S, St, T, V, W

B11 Doppellehrberuf Kraftfahrzeugmechaniker, Kraftfahrzeugelektriker
4 Jahre, Standort(e) in K, NÖ, OÖ, St, T, W

B12 Doppellehrberuf Restaurantfachmann, Koch
4 Jahre, Standort(e) in B, K, NÖ, OÖ, St, T, V, W

B13 Doppellehrberuf Spengler, Dachdecker
4 Jahre, Standort(e) in B, K, NÖ, OÖ, St, T

B14 Doppellehrberuf Spengler, Gas- und Wasserleitungsinstallateur
4 Jahre, Standort(e) in B, K, NÖ, OÖ, St

B15 Doppellehrberuf Spengler, Glaser
4 Jahre, Standort(e) in K, St, T

B16 Doppellehrberuf Spengler, Kupferschmied
4 Jahre, Standort(e) in K, T

B17 Doppellehrberuf Zimmerer, Maurer
4 Jahre, Standort(e) in NÖ, OÖ, S, St, T

B18 Fachschule für Altendienste und Pflegehilfe
3 Jahre, Standort(e) in T

B19 Fachschule für Altendienste und Pflegehilfe (Statut)
2 Jahre, Standort(e) in K, NÖ, OÖ, St, T

B20 Fachschule für Altendienste und Pflegehilfe, Schulversuch gemäß § 7 SchOG
2 Jahre, Standort(e) in OÖ

B21 Fachschule für Familienhelfer/innen (Statut)
1 Jahre, Standort(e) in V

B22 Fachschule für Familienhilfe
3 Jahre, Standort(e) in NÖ, S

B23 Fachschule für Familienhilfe (Statut)
2 Jahre, Standort(e) in OÖ, S, St, T, W

B24 Fachschule für soziale Betreuung (Statut)
2 Jahre, Standort(e) in B, OÖ

B25 Hauswirtschaftliche Schule für Sehbehinderte (Statut)
3 Jahre, Standort(e) in St

B26 Krankenpflegeschule, allgemeine Krankenpflege (1. Ausbildungsjahr, Statut)
1 Jahre, Standort(e) in St, W

B27 Landwirtschaftliche Fachschule, Sonderform Pferdewirtschaft
3 Jahre, Standort(e) in OÖ

B28 Lehranstalt für Kosmetik, Massage und Fußpflege (Statut)
2 Jahre, Standort(e) in OÖ

B29 Lehranstalt für pastorale Berufe (Statut)
4 Jahre, Standort(e) in W

B30 Lehrberuf Anlagenelektriker
4 Jahre, Standort(e) in V

B31 Lehrberuf Anlagenmonteur
3,5 Jahre, Standort(e) in NÖ, OÖ, St, V, W

B32 Lehrberuf Bäcker
3 Jahre, Standort(e) in B, K, NÖ, OÖ, S, St, T, V, W

B33 Lehrberuf Bandagist
3 Jahre, Standort(e) in St, W

B34 Lehrberuf Bautechnischer Zeichner
3 Jahre, Standort(e) in K, NÖ, OÖ, S, St, T, V, W

B35 Lehrberuf Berufskraftfahrer
3 Jahre, Standort(e) in OÖ

B36 Lehrberuf Blumenbinder und -händler (Florist)
3 Jahre, Standort(e) in NÖ, OÖ, T, V, W

B37 Lehrberuf Bodenleger
3 Jahre, Standort(e) in NÖ, OÖ, St, T, W

B38 Lehrberuf Bootbauer
3 Jahre, Standort(e) in OÖ

B39 Lehrberuf Brauer und Mälzer, Destillateur
3 Jahre, Standort(e) in W

B40 Lehrberuf Brunnenmacher
3 Jahre, Standort(e) in St

B41 Lehrberuf Büchsenmacher, Waffenmechaniker
3 Jahre, Standort(e) in K

B42 Lehrberuf Bürokaufmann
3 Jahre, Standort(e) in B, K, NÖ, OÖ, S, St, T, V, W

B43 Lehrberuf Bürsten- und Pinselmacher
2 Jahre, Standort(e) in OÖ

B44 Lehrberuf Chemielaborant
3,5 Jahre, Standort(e) in K, NÖ, OÖ, St, T, V, W

B45 Lehrberuf Chemiewerker
3 Jahre, Standort(e) in NÖ, OÖ, T, W

B46 Lehrberuf Chirurgieinstrumentenerzeuger
3,5 Jahre, Standort(e) in St, T, W

B47 Lehrberuf Dachdecker
3 Jahre, Standort(e) In NÖ, OÖ, St

B48 Lehrberuf Damenkleidermacher, Herrenkleidermacher
3 Jahre, Standort(e) in B, K, NÖ, OÖ, S, St, T, V, W

B49 Lehrberuf Denkmal-, Fassaden- und Gebäudereiniger
2,5 Jahre, Standort(e) in NÖ, OÖ

B50 Lehrberuf Dessinateur für Stoffdruck
3 Jahre, Standort(e) in V

B51 Lehrberuf Drechsler
3 Jahre, Standort(e) in W

B52 Lehrberuf Drogist
3 Jahre, Standort(e) in K, NÖ, OÖ, S, St, T, V, W

B53 Lehrberuf Drucker
3 Jahre, Standort(e) in K, NÖ, OÖ, S, St, T, V

B54 Lehrberuf Druckformtechniker
3 Jahre, Standort(e) in NÖ, OÖ, S, St, V
B55 Lehrberuf Druckvorstufentechniker
3,5 Jahre, Standort(e) in NÖ, OÖ, S, St, T, V
B56 Lehrberuf Elektromechaniker für Schwachstrom bzw. für Starkstrom
3,5 Jahre, Standort(e) in K, NÖ, OÖ, St, T, V, W
B57 Lehrberuf Fernmeldebaumonteur
3 Jahre, Standort(e) in St, W
B58 Lehrberuf Flachdrucker, Siebdrucker, Kupferdrucker
3 Jahre, Standort(e) in K, NÖ, OÖ, St, T, V
B59 Lehrberuf Fleischer
3 Jahre, Standort(e) in K, NÖ, OÖ, S, St, T, V, W
B60 Lehrberuf Fotograf
3,5 Jahre, Standort(e) in OÖ, St, T
B61 Lehrberuf Fotokaufmann
3 Jahre, Standort(e) in K, NÖ, OÖ, S, W
B62 Lehrberuf Friseur und Perückenmacher (Stylist)
3 Jahre, Standort(e) in B, K, NÖ, OÖ, S, St, T, V, W
B63 Lehrberuf Getreidemüller
3 Jahre, Standort(e) in OÖ
B64 Lehrberuf Gießereimechaniker
3 Jahre, Standort(e) in NÖ
B65 Lehrberuf Glasmaler, Kerammaler
2 Jahre, Standort(e) in OÖ, St, T
B66 Lehrberuf Großhandelskaufmann
3 Jahre, Standort(e) in K, NÖ, OÖ, S, St, T, V, W
B67 Lehrberuf Hafner
3 Jahre, Standort(e) in B, K, NÖ, OÖ, S, St, T, W
B68 Lehrberuf Holz- und Sägetechniker
3 Jahre, Standort(e) in S
B69 Lehrberuf Holz- und Steinbildhauer
3 Jahre, Standort(e) in W
B70 Lehrberuf Hotel- und Gastgewerbeassistent
3 Jahre, Standort(e) in K, St, T, V, W
B71 Lehrberuf Hutmacher, Kappenmacher, Modist
2 Jahre, Standort(e) in W
B72 Lehrberuf Hüttenwerkschlosser
3 Jahre, Standort(e) in OÖ, St
B73 Lehrberuf Industriekaufmann
3 Jahre, Standort(e) in K, NÖ, OÖ, S, St, T, V

B74 Lehrberuf Isoliermonteur
3 Jahre, Standort(e) in OÖ, W
B75 Lehrberuf Kälteanlagentechniker
3,5 Jahre, Standort(e) in NÖ, OÖ, St, W
B76 Lehrberuf Karosseur
3 Jahre, Standort(e) in B, K, NÖ, OÖ, S, St, T, V, W
B77 Lehrberuf Kartograph
3 Jahre, Standort(e) in S, T
B78 Lehrberuf Keramiker, Kerammodelleur, Porzellanformer
3 Jahre, Standort(e) in OÖ, St, W
B79 Lehrberuf Koch
3 Jahre, Standort(e) in B, K, NÖ, OÖ, St, T, V, W
B80 Lehrberuf Kosmetiker, Fußpfleger
2 Jahre, Standort(e) in K, NÖ, OÖ, S, St, T, V, W
B81 Lehrberuf Kunststoffverarbeiter
3 Jahre, Standort(e) in OÖ
B82 Lehrberuf Kürschner
3 Jahre, Standort(e) in W
B83 Lehrberuf Lackierer
3 Jahre, Standort(e) in OÖ, S, St, T, V, W
B84 Lehrberuf Landmaschinentechniker
3,5 Jahre, Standort(e) in K, NÖ, OÖ, S, St, T, V
B85 Lehrberuf Ledergalanteriewarenerzeuger und Taschner, Sattler und Riemer
3 Jahre, Standort(e) in NÖ, W
B86 Lehrberuf Leichtflugzeugbauer
3 Jahre, Standort(e) in OÖ
B87 Lehrberuf Luftfahrzeugmechaniker
3,5 Jahre, Standort(e) in NÖ, OÖ
B88 Lehrberuf Maler und Anstreicher
3 Jahre, Standort(e) in B, K, NÖ, OÖ, S, St, T, V, W
B89 Lehrberuf Maschinenmechaniker
4 Jahre, Standort(e) in NÖ, St, T, V, W
B90 Lehrberuf Masseur
2 Jahre, Standort(e) in K, NÖ, OÖ, S, St, V, W
B91 Lehrberuf Maurer, Schalungsbauer
3 Jahre, Standort(e) in B, K, NÖ, OÖ, S, St, T, V, W
B92 Lehrberuf Metallschleifer und Galvaniseur
3 Jahre, Standort(e) in K
B93 Lehrberuf Modelltischler (Formentischler)
3 Jahre, Standort(e) in NÖ, OÖ

B94 Lehrberuf Molkereifachmann
3 Jahre, Standort(e) in T
B95 Lehrberuf Obst- und Gemüsekonservierer
2 Jahre, Standort(e) in OÖ
B96 Lehrberuf Orthopädiemechaniker
3,5 Jahre, Standort(e) in St, W
B97 Lehrberuf Papiertechniker
3,5 Jahre, Standort(e) in OÖ
B98 Lehrberuf Pflasterer
3 Jahre, Standort(e) in St, W
B99 Lehrberuf pharmazeutisch-kaufmännischer Assistent
3 Jahre, Standort(e) in K, NÖ, OÖ, St, T, V, W
B100 Lehrberuf Platten- und Fliesenleger
3 Jahre, Standort(e) in B, K, NÖ, OÖ, S, St, T, W
B101 Lehrberuf Posamentierer
3 Jahre, Standort(e) in W
B102 Lehrberuf Präparator
3 Jahre, Standort(e) in W
B103 Lehrberuf Prozessleittechniker
3,5 Jahre, Standort(e) in OÖ
B104 Lehrberuf Rauchfangkehrer
3 Jahre, Standort(e) in NÖ, OÖ, St, T, W
B105 Lehrberuf Recyclings- und Entsorgungstechniker, Ausbildungsversuch (Ausbildungszweige Abfall bzw. Abwasser)
3 Jahre, Standort(e) in NÖ, OÖ, W
B106 Lehrberuf Reisebüroassistent
3 Jahre, Standort(e) in W
B107 Lehrberuf Reproduktionstechniker
3 Jahre, Standort(e) in NÖ, OÖ, S, St
B108 Lehrberuf Restaurantfachmann
3 Jahre, Standort(e) in B, K, NÖ, OÖ, St, T, V, W
B109 Lehrberuf Schierzeuger
3 Jahre, Standort(e) in OÖ
B110 Lehrberuf Schilderhersteller
3 Jahre, Standort(e) in K, NÖ, OÖ, St, V, W
B111 Lehrberuf Speditionskaufmann
3 Jahre, Standort(e) in St, W
B112 Lehrberuf Steinmetz
3 Jahre, Standort(e) in K, NÖ, S, St, T, W
B113 Lehrberuf Stuckateur und Trockenausbauer
3 Jahre, Standort(e) in S, St, T, V, W

B114 Lehrberuf Technischer Zeichner
3,5 Jahre, Standort(e) in K, NÖ, OÖ, S, St, V
B115 Lehrberuf Textilmechaniker
3 Jahre, Standort(e) in NÖ, V, W
B116 Lehrberuf Textilreiniger
3 Jahre, Standort(e) in W
B117 Lehrberuf Tiefdruckformenhersteller
3 Jahre, Standort(e) in S, St
B118 Lehrberuf Tierpfleger
3 Jahre, Standort(e) in W
B119 Lehrberuf Tischler
3 Jahre, Standort(e) in B, K, NÖ, OÖ, S, St, T, V, W
B120 Lehrberuf Typografiker
3 Jahre, Standort(e) in NÖ, OÖ, S, St, V
B121 Lehrberuf Uhrmacher
3,5 Jahre, Standort(e) in NÖ, W
B122 Lehrberuf Universalschweißer
3 Jahre, Standort(e) in NÖ, OÖ, St, T
B123 Lehrberuf Vergolder und Staffierer
3 Jahre, Standort(e) in St
B124 Lehrberuf Verpackungsmittelmechaniker
3 Jahre, Standort(e) in W
B125 Lehrberuf Versicherungskaufmann
3 Jahre, Standort(e) in NÖ, OÖ, S, St, W
B126 Lehrberuf Vulkaniseur
2 Jahre, Standort(e) in K
B127 Lehrberuf Waagenhersteller
3 Jahre, Standort(e) in K, NÖ, OÖ, St, T, V, W
B128 Lehrberuf Werkzeugmacher
3,5 Jahre, Standort(e) in K, NÖ, OÖ, S, St, T, V
B129 Lehrberuf Werkzeugmechaniker
4 Jahre, Standort(e) in NÖ, OÖ, V
B130 Lehrberuf Zahntechniker
4 Jahre, Standort(e) in NÖ
B131 Lehrberuf Zentralheizungsbauer, Rohrleitungsmonteur
3 Jahre, Standort(e) in NÖ, OÖ, St, T, W
B132 Lehrberuf Zimmerer
3 Jahre, Standort(e) in B, K, NÖ, OÖ, S, St, T, V, W
B133 Lehrberufe Bauschlosser, Stahlbauschlosser
4 Jahre, Standort(e) in B, K, NÖ, OÖ, S, St, T, V, W

B134 Lehrberufe Bekleidungsfertiger, Miedererzeuger, Wäschewarenerzeuger
3 Jahre, Standort(e) in OÖ, St, T, V, W

B135 Lehrberufe Binder, Wagner
3 Jahre, Standort(e) in NÖ, OÖ

B136 Lehrberufe Blechblas-, Holzblas-, Streich- u.Saiteninstrumentenerzeuger, Klaviermacher, Harmonikamacher, Orgelbauer
4 Jahre, Standort(e) in W

B137 Lehrberufe Blechschlosser, Spengler, Kupferschmied
3 Jahre, Standort(e) in B, K, NÖ, OÖ, S, St, T, V, W

B138 Lehrberufe Buchbinder, Etui- und Kassettenerzeuger, Kartonagewarenerzeuger
3 Jahre, Standort(e) in NÖ, OÖ, St, T, W

B139 Lehrberufe Buchhändler, Musikalienhändler
3 Jahre, Standort(e) in K, NÖ, OÖ, St, W

B140 Lehrberufe Einzelhandelskaufmann, Waffen- und Munitionshändler
3 Jahre, Standort(e) in B, K, NÖ, OÖ, S, St, T, V, W

B141 Lehrberufe Elektroinstallateur, Betriebselektriker, Starkstrommonteur
4 Jahre, Standort(e) in B, K, NÖ, OÖ, S, St, T, V, W

B142 Lehrberufe Elektromechaniker und -maschinenbauer, Elektromechaniker für Starkstrom
4 Jahre, Standort(e) in K, NÖ, OÖ, S, St, T, V, W

B143 Lehrberufe Fahrzeugfertiger, Schmied
3 Jahre, Standort(e) in K, NÖ, OÖ, St, T, V

B144 Lehrberufe Fahrzeugtapezierer (Fahrzeugsattler), Polsterer, Tapezierer und Bettwarenerzeuger
3 Jahre, Standort(e) in K, NÖ, OÖ, S, St, T, W

B145 Lehrberufe Former und Gießer (Metall- und Eisen-), Gelbgießer, Zinngießer
3 Jahre, Standort(e) in NÖ, St

B146 Lehrberufe Fotogravurzeichner, Stickereizeichner, Textilmusterzeichner
2 Jahre, Standort(e) in V

B147 Lehrberufe Friedhofs- und Ziergärtner, Landschaftsgärtner (Garten- und Grünflächengestalter)
3 Jahre, Standort(e) in NÖ, T, W

B148 Lehrberufe Glaser, Glasgraveur, Glasbläser und Glasinstrumentenerz., Hohlglasveredler – Glasmalerei – Gravur – Kugeln
3 Jahre, Standort(e) in OÖ, St, T, W

B149 Lehrberufe Gold- und Silberschmied und Juwelier, Edelsteinschleifer
4 Jahre, Standort(e) in OÖ, St, T, W

B150 Lehrberufe Gold-, Silber- und Perlensticker, Maschinsticker, Großmaschinsticker
3 Jahre, Standort(e) in OÖ, W

B151 Lehrberufe Graveur, Gürtler, Gold-, Silber- und Metallschläger, Metalldrücker
3 Jahre, Standort(e) in NÖ, OÖ, St, W

B152 Lehrberufe Handschuhmacher, Lederbekleidungserzeuger (Säckler)
3 Jahre, Standort(e) in St

B153 Lehrberufe Kommunikationstechniker - Audio- und Videoelektronik, - Bürokommunikation, - Nachrichtenelektronik
4 Jahre, Standort(e) in K, NÖ, OÖ, S, St, T, V, W

B154 Lehrberufe Konditor (Zuckerbäcker), Lebzelter und Wachszieher, Bonbon- und Konfektmacher
4 Jahre, Standort(e) in K, NÖ, OÖ, S, St, T, V, W

B155 Lehrberufe Kraftfahrzeugmechaniker, Kraftfahrzeugelektriker
4 Jahre, Standort(e) in B, K, NÖ, OÖ, S, St, T, V, W

B156 Lehrberufe Maschinenschlosser, Betriebsschlosser, Schlosser
4 Jahre, Standort(e) in K, NÖ, OÖ, S, St, T, V, W

B157 Lehrberufe Mechaniker, Feinmechaniker
4 Jahre, Standort(e) in K, NÖ, OÖ, St, T, V, W

B158 Lehrberufe Oberteilherrichter, Orthopädieschuhmacher, Schuhmacher
2 Jahre, Standort(e) in K, NÖ, OÖ, St, T, W

B159 Lehrberufe Optiker, Feinoptiker
4 Jahre, Standort(e) in T, W

B160 Lehrberufe Physiklaborant, Werkstoffprüfer, Universalhärter
4 Jahre, Standort(e) in NÖ, OÖ, St, T, W

B161 Lehrberufe Rotgerber, Rauwarenzurichter, Weiß- und Sämischgerber
3 Jahre, Standort(e) in W

B162 Lehrberufe Sanitär- und Klimatechniker – Gas- und Wasserinstallation – Heizungsinstallation – Lüftungsinstallation
3 Jahre, Standort(e) in B, K, NÖ, OÖ, S, St, T, V, W

B163 Lehrberufe Textilveredler, Stoffdrucker
3 Jahre, Standort(e) in V, W

B164 Lehrberufe Werkzeugmaschineur, Dreher
4 Jahre, Standort(e) in K, NÖ, OÖ, St, T

B165 Lehrberufe Wirkwarenerzeuger, Strickwarenerzeuger, Weber
3 Jahre, Standort(e) in OÖ

B166 Lehrgang für Hüttenmeister
1 Jahre, Standort(e) in St

B167 Lehrgang zur Ausbildung von Berg- und Skiführern
1 Jahre, Standort(e) in T

B168 Lehrgang zur Ausbildung von Diplomtrainern
2 Jahre, Standort(e) in T

B169 Lehrgang zur Ausbildung von Fußballinstruktoren
1 Jahre, Standort(e) in T

B170 Lehrgang zur Ausbildung von Fußballtrainern
2 Jahre, Standort(e) in W

B171 Lehrgang zur Ausbildung von Instruktoren für Gespannfahren
1 Jahre, Standort(e) in W

B172 Lehrgang zur Ausbildung von Lehrwarten
1 Jahre, Standort(e) in OÖ, St, T, W

B173 Lehrgang zur Ausbildung von Lehrwarten Fit/allgemein
1 Jahre, Standort(e) in W

B174 Lehrgang zur Ausbildung von Lehrwarten Fit/Erwachsene
1 Jahre, Standort(e) in T, W

B175 Lehrgang zur Ausbildung von Lehrwarten Fit/Jugend
1 Jahre, Standort(e) in T

B176 Lehrgang zur Ausbildung von Lehrwarten Fit/Senioren
1 Jahre, Standort(e) in OÖ, T, W

B177 Lehrgang zur Ausbildung von Lehrwarten für Hockey, Kunstschwimmen, Rudern, Sportkegeln, Kinderturnen und Bogenschießen
1 Jahre, Standort(e) in T, W

B178 Lehrgang zur Ausbildung von Lehrwarten für Kinderskilauf und Jugendskirennlauf
1 Jahre, Standort(e) in OÖ, T, W

B179 Lehrgang zur Ausbildung von Lehrwarten für Skilanglauf und Skiwandern
1 Jahre, Standort(e) in W

B180 Lehrgang zur Ausbildung von Lehrwarten für Wandern
1 Jahre, Standort(e) in OÖ

B181 Lehrgang zur Ausbildung von Lehrwarten/Alpin
1 Jahre, Standort(e) in OÖ

B182 Lehrgang zur Ausbildung von Lehrwarten/Hochalpin
1 Jahre, Standort(e) in T

B183 Lehrgang zur Ausbildung von Leibeserziehern
2 Jahre, Standort(e) in W

B184 Lehrgang zur Ausbildung von Reitinstruktoren
1 Jahre, Standort(e) in W

B185 Lehrgang zur Ausbildung von Reittrainern für Dressur, Springen oder Vielseitigkeit
2 Jahre, Standort(e) in W
B186 Lehrgang zur Ausbildung von Skilehrern und Skiführern
1 Jahre, Standort(e) in T
B187 Lehrgang zur Ausbildung von Skilehrwarten
1 Jahre, Standort(e) in W
B188 Lehrgang zur Ausbildung von Skitourenwarten
1 Jahre, Standort(e) in W
B189 Lehrgang zur Ausbildung von Skitrainern/Alpin
2 Jahre, Standort(e) in T
B190 Lehrgang zur Ausbildung von Sport-Badewarten
1 Jahre, Standort(e) in T
B191 Lehrgang zur Ausbildung von Sport-Jugendleitern
1 Jahre, Standort(e) in W
B192 Lehrgang zur Ausbildung von Sportlehrern
2 Jahre, Standort(e) in W
B193 Lehrgang zur Ausbildung von Tennislehrern
2 Jahre, Standort(e) in OÖ, W
B194 Lehrgang zur Ausbildung von Trainern
2 Jahre, Standort(e) in OÖ, St, T, W
B195 Lehrgang zur Ausbildung von Trainern für allgemeine Körperausbildung
2 Jahre, Standort(e) in OÖ
B196 Privater Speziallehrgang Patisserie (Statut)
1 Jahre, Standort(e) in W
B197 Schule für Balletttänzer
4 Jahre, Standort(e) in OÖ
B198 Schule für Einrichtungsberater (Statut)
1 Jahre, Standort(e) in S
B199 Sonderform der höheren Lehranstalt für Land- und Ernährungswirtschaft (vierjährig)
4 Jahre, Standort(e) in K, St
B200 Sonstige Doppellehrberufe
4 Jahre, Standort(e) in B, K, NÖ, OÖ, S, St, T, V, W
B201 Tierpflegeschule
3 Jahre, Standort(e) in W
B202 Werbe Akademie - Fachlehrgang für Marktkommunikation (Statut)
2 Jahre, Standort(e) in W
B203 Zweijähriger Lehrgang für Büroberufe (Statut)
2 Jahre, Standort(e) in W

Neue Lehrberufe

(noch keine Angaben zu Standorten → in Berufsinformationszentren nachfragen)

B204 Lehrberufe Betonfertiger - Betonwarenerzeugung, - Betonwerksteinerzeugung, - Terrazzoherstellung
3 Jahre

B205 Lehrberuf Kommunikationstechniker - Elektronische Datenverarbeitung und Telekommunikation
3 1/2 Jahre

B206 Lehrberuf Tapezierer und Dekorateur
3 Jahre

B207 Lehrberuf Verwaltungsassistent
3 Jahre

B208 Lehrberuf Bankkaufmann
3 Jahre

B209 Lehrberuf EDV-Kaufmann
3 Jahre

B210 Lehrberuf EDV-Techniker
3 1/2 Jahre

B211 Lehrberuf Gartencenterkaufmann
3 Jahre

B212 Lehrberuf Immobilienkaufmann
3 Jahre

B213 Lehrberuf Sonnenschutztechniker
3 Jahre

B214 Lehrberuf Tiefbauer
3 Jahre

B215 Lehrberuf Vermessungstechniker
3 1/2 Jahre

B216 Lehrberuf Fitneßbetreuer
3 Jahre

B217 Lehrberufe Kanzleiassistent - Notariat, - Rechtsanwaltskanzlei
3 Jahre

B218 Lehrberuf Medienfachmann - Mediendesign
3 1/2 Jahre

B219 Lehrberuf Medienfachmann - Medientechnik
3 1/2 Jahre

B220 Lehrberuf Modellbauer
3 Jahre

B221 Lehrberuf Sportartikelmonteur
3 Jahre

B222 Lehrberuf Straßenerhaltungsfachmann
3 Jahre

B223 Systemgastronomiefachmann
3 Jahre

Welche Beratungsinstitutionen helfen bei der Entscheidung?

Schulpsychologie-
Bildungsberatung

Damit Schule allen Freude macht

Die Schulpsychologie-Bildungsberatung

Die Schulpsychologie-Bildungsberatung steht allen am schulischen Bildungsprozess beteiligten Personen und Institutionen (Schülern/Schülerinnen aller Schularten sowie deren Eltern bzw. sonstigen Erziehungsberechtigten, Lehrern/Lehrerinnen) durch unmittelbare Anwendung wissenschaftlicher Erkenntnisse und Methoden – im gegebenen Fall unter Wahrung des Elternrechts – zur Verfügung. Derzeit leisten in Österreich ca. 140 Schulpsychologinnen und Schulpsychologen in 77 Beratungsstellen individuelle fachpsychologische Beratung bei Lernschwierigkeiten, Verhaltensschwierigkeiten, Schulangst und Krisen und vermitteln bei Konflikten im Beziehungsdreieck Eltern-Lehrer(innen)-Schüler(innen).

Auch Bildungsberatung ist ein wichtiger Bestandteil schulpsychologischer Arbeit und das in mehrfacher Weise: Neben individuellen Laufbahnberatungen konzipieren Schulpsycholog(inn)en die Aus- und Weiterbildung der Schüler- und Bildungsberater(innen) und wirken als Referent(inn)en mit. Die Schulpsychologie-Bildungsberatung erstellt weiters Informationsschriften über Bildungsangebote (z. B. Bildungswegweiser für bestimmte Bundesländer oder Broschüren über bestimmte Schularten) und koordiniert andere Informationen und Informationsträger für die Schüler- und Bildungsberatung.

Die Schulpsychologie-Bildungsberatung befasst sich mit drei Adressaten: Dem Individuum (Schüler, Elternteil, Lehrer); den einzelnen Subsystemen (Familie, Klasse, Freundeskreis, Schule) sowie mit dem umfassenden System (Schulsystem, Gesellschaft).

Es gibt drei grundlegende schulpsychologische Zielsetzungen: Prävention, Intervention, Rehabilitation.

Es gibt drei grundlegende Realisierungsformen für diese Zielsetzungen: Beratung, Begleitung und Behandlung.

Beraten ist jede klärende, orientierungserleichternde, katalysatorische Vorgangsweise.

Begleiten ist jede längerfristige fachliche Anteilnahme an einem Entwicklungsprozess (z. B. Supervision, Evaluation, Coaching).

Behandeln ist der Einsatz psychologischer bzw. psychotherapeutischer Strategien mit dem klaren Ziel der Veränderung einer unbefriedigenden intra- oder interpsychischen Situation, die auf ihre Entstehungsursachen und konservierenden Ursachen hin analysiert wird, wobei eine Rekonstruktion bzw. eine Neustrukturierung, bzw. der Aufbau neuer Bewusstseins-, Erlebens- und Verhaltensmöglichkeiten angestrebt wird.

Zum Beispiel im Bereich Beratung:

Materialhilfen

- Faltblatt „Bildungswege in Osterreich" (in deutscher, englischer, französischer, türkischer, kroatisch/serbischer Sprache)
- Broschüren über Bildungswege zur Matura an AHS, Bildungswege im lehrenden Bereich, im helfenden Bereich und nach dem 18. Lebensjahr
- Computergestütztes Informations- und Expertensystem SBS (Schullaufbahn-Beratungs-System)
- Bundeslandspezifische Bildungswegweiser
- Hilfen für Eltern sowie Lehrerinnen und Lehrer zu bestimmten Themen (z. B. Übertrittsprobleme, Legasthenie, Verhaltensauffälligkeiten, Lernen, Krisenbewältigung, Kommunikation)

Kommunikationshilfen

- Abbau von Unsicherheit durch Einsicht in eigene Schwächen aber auch Stärken, denn in sich gestärkte Partner können besser miteinander kooperieren als geschwächte.
- Hinführung von Schüler(inne)n, Eltern und Lehrer(inne)n zum Perspektivenwechsel, zum Erkennen und Hineinfühlen in die Probleme der anderen.
- Moderation (Herstellung einer gemeinsamen Gesprächsbasis zwischen Konfliktpartnern und konstruktive Leitung der Diskussion).
- Mitwirkung bei Veranstaltungen im Rahmen der Schulpartnerschaft.
- Mitwirkung bei Elternabenden und in der Lehrer(innen)fortbildung (Vermittlung von Kenntnissen über grundlegende psychologische und systemische Zusammenhänge und Förderung von Gesprächs- und Konfliktlösungskompetenzen).

Weitere Angebote im Bereich Beratung beziehen sich auf Hilfen zum Erkennen eigener Stärken und Schwächen (Diagnostik), zur Klärung und Konkretisierung von Problemen und zur Entwicklung eigener Zukunftsperspektiven.
Eine **ähnlich umfassende Palette** von konkreten Angeboten existiert auch für die **Bereiche Begleitung und Behandlung.**
Die Inanspruchnahme aller Leistungen erfolgt freiwillig, vertraulich, unbürokratisch und kostenlos!

Weitere Auskünfte:

Bundesministerium für Unterricht und kulturelle Angelegenheiten
Abteilung V/8 (Schulpsychologie-Bildungsberatung)
1014 Wien, Freyung 1
Tel.: 01/53120
E-Mail für allgemeine Anfragen: schulpsychologie@bmuk.gv.at
Internet: http://www.bmuk.gv.at/fssos.htm

Leiter:
MinRat Mag. DDr. Franz Sedlak DW 2580, franz.sedlak@bmuk.gv.at

Mitarbeiter/innen:
ORat Dr. Gerhard Krötzl DW 2582, gerhard.kroetzl@bmuk.gv.at
MinRat Dr. Harald Aigner DW 2581, harald.aigner@bmuk.gv.at
Mag. Karin Jaresch-Lehner DW 2586, karin.jaresch-lehner@bmuk.gv.at
ADir. Susanna Herdin DW 2583, susanna.herdin@bmuk.gv.at
Renate Preis DW 2584, renate.preis@bmuk.gv.at

Adressen der Schulpsychologischen Beratungsstellen in Österreich

Schulpsychologie-Bildungsberatung Burgenland
Landesreferent: Hofrat Dr. Werner Wagner
7001 EISENSTADT, Kernausteig 3, Tel.: 02682/710/131
E-Mail: Eva.Lubenik@lsr-bgld.gv.at
Internet: http://www.bnet.co.at/brg_ei1/informat.htm#psych

Beratungsstellen:
7001 EISENSTADT, Kernausteig 3, Tel.: 02682/710/130
7540 GÜSSING, Schulstraße 15, Tel.: 03322/433 47
7350 OBERPULLENDORF, Gymnasiumstr. 19, Tel.: 02612/431 93
7400 OBERWART, Hauptplatz 1, Tel.: 03352/326 27

Schulpsychologie-Bildungsberatung Kärnten
Landesreferentin: Hofrätin Dr. Christine Kampfer-Löberbauer
9020 KLAGENFURT, Kaufmanngasse 8, Tel.: 0463/56 6 59
E-Mail: christine.kampfer@asn.netway.at
Internet: http://www.buk.ktn.gv.at/lsrk/Abteilungen/abt8.htm

Beratungsstellen:
9560 FELDKIRCHEN, Obere Tiebelgasse 5, Tel.: 04276/37-700
9620 HERMAGOR, Hauptstraße 44, Tel.: 04282/2401-44
9020 KLAGENFURT, Kaufmanngasse 8, Tel.:0463/56 6 59
9800 SPITTAL/Drau, Bahnhofstraße 18/1, Tel.: 04762/47 55
9300 ST.VEIT/Glan, Sponheimerstr. 2, Tel.: 04212/51 68
9500 VILLACH, Peraustraße 31, Tel.: 04242/26 5 43
9100 VÖLKERMARKT, Schwannengasse 1, Tel.: 04232/29 60
9400 WOLFSBERG, Johann-Offner-Straße 19, Tel.:04352/34 72

Schulpsychologie-Bildungsberatung Niederösterreich
Landesreferent: Hofrat Dr. Anton Eimer
3109 St. Pölten, Rennbahnstraße 29, Tel.:02742/280-4700
E-Mail: brigitte.schaetz@lsr-noe.gv.at

Beratungsstellen:
3300 AMSTETTEN, Wiener Straße 13, Tel.: 07472/61 2 58
2500 BADEN, Trennerstraße 18, Tel.: 02252/862 33
2460 BRUCK/Leitha, Hauptplatz 16, Tel.: 02162/625 31-225
2230 GÄNSERNDORF, Eichamtsstraße 25, Tel.: 02282/35 26
3950 GMÜND, Stadtplatz 41, Tel.: 02852/34 004
2020 HOLLABRUNN, Dechant-Pfeifer-Straße 3, Tel.: 02952/33 03
3580 HORN, Anton Prokschgasse 4, Tel.: 02982/33 96
3109 ST. PÖLTEN, Rennbahnstraße 29, Tel.:02742/280-4730 (für Bezirk Korneuburg)
3500 KREMS, Untere Landstraße 18, Tel.: 02732/700 69
3390 MELK, Prandtauerstraße 4, Tel.: 02752/21 62
2130 MISTELBACH, Oserstraße 12, Tel.: 02572/58 46
1040 WIEN, Schwindgasse 5/Stg.2/15, Tel.: 01/503 81 20-10 (Mödling u. Wien-Umgebung)
2700 WR. NEUSTADT, Haggenmüllergasse 8, Tel.: 02622/82 104 (für Neunkirchen)
3109 ST.PÖLTEN, Rennbahnstraße 29, Tel.: 02742/280-4720
3430 TULLN, Lederergasse 6, Tel.: 02272/58 34
1013 WIEN, Wipplinger Straße 28, Tel.: 0222/534 14- 421 (Wien-Umgebung)
2700 WR. NEUSTADT, Haggenmüllergasse 8, Tel.: 02622/27 7 57

Schulpsychologie-Bildungsberatung Oberösterreich
Landesreferent: Hofrat Dr. Hans Paul Leeb
4041 LINZ, Sonnensteinstraße 20, Tel.: 0732/7071-2321

Beratungsstellen:
4810 GMUNDEN, Traungasse 12a, Tel.: 07612/44 60
4910 RIED/Innkreis, Riedbergstraße 1, Tel.: 07752/825 24
4041 LINZ, Sonnensteinstraße 20, Tel.: 0732/7071-2291 (Linz-Land u. Linz-Stadt)
4041 LINZ, Sonnensteinstraße 20, Tel.: 0732/7071-2351 (Mühlviertel)
4400 STEYR, Leopold-Werndl-Straße 3, Tel.: 07252/53 5 50
4600 WELS, Kaiser-Josef-Platz 53, Hofgebäude, Tel.: 07242/441 35

Schulpsychologie-Bildungsberatung Salzburg
Landesreferent: Hofrat Dr. Friedrich Schütz
5010 SALZBURG, Rudolfskai 48, Tel.: 0662/84 27 88

Beratungsstellen:
5400 HALLEIN, Burgfriedstraße 1, Tel.: 06245/834 92
5010 SALZBURG, Rudolfskai 48, Tel.: 0662/84 21 84
5201 SEEKIRCHEN, Bahnhofstraße 68, Tel.: 06212/73 50
5450 WERFEN, Markt 21, Tel.: 06468/80 48 (für Bezirk St. Johann)
5580 TAMSWEG, Lebzelterweg 257, Tel.: 06474/64 30
5700 ZELL am See, Bahnhofstraße 10, Tel.: 06542/732 42

Schulpsychologie-Bildungsberatung Steiermark
Landesreferent: Dr. Josef Zollneritsch
8015 GRAZ, Körblergasse 23a, Tel.: 0316/345/199
E-Mail: josef.zollneritsch@lsr-stmk.gv.at
Internet: http://www.lsr-stmk.gv.at/psych.htm

Beratungsstellen:
8600 BRUCK/Mur, Pögelhof 1, Tel.: 03862/56 780
8530 DEUTSCHLANDSBERG, Poststraße 11, Tel.: 03462/33 41
8330 FELDBACH, Färbergasse 5, Tel.: 03152/32 31
8010 GRAZ, Mandellstraße 3/II, Tel.: 0316/82 98 76 (Graz-Stadt)
8020 GRAZ, Karlauerstraße 9, Tel.: 0316/91 41 75 (Graz-Umgebung)

8230 HARTBERG, Sparkassenplatz 4, Tel.: 03332/64 2 67
8750 JUDENBURG, Kasernstraße 22/II, Tel.: 03572/830 08
8430 LEIBNITZ, Karl-Morre-Gasse 15/II, Tel.: 03452/843 35
8700 LEOBEN, Roseggerstraße 23/P, Tel.: 03842/44 7 70
8940 LIEZEN, Hauptstraße 4, Tel.: 03612/24 1 40
8570 VOITSBERG, Roseggergasse 5, Tel.: 03142/21 7 44
8160 WEIZ, Kapruner-Generator-Str.22, Tel.: 03172/51 50

Schulpsychologie-Bildungsberatung Tirol
Landesreferentin: Hofrätin Dr. Ingrid Tursky
6020 INNSBRUCK, Müllerstraße 7/II, Tel.:0512/57 65 61
E-Mail: schulpsy@lsr-t.gv.at
Internet: http://www.asn-ibk.ac.at/schulpsychologie/homepage.htm

Beratungsstellen:
6060 HALL in Tirol, Erlerstraße 2, Tel.: 05223/533 36
6460 IMST, Schustergasse 27/I, Tel.: 05412/643 45
6020 INNSBRUCK, Müllerstraße 7/II, Tel.:0512/57 65 62 (Innsbruck-Land/West)
6010 INNSBRUCK, Templstraße 4, Tel.: 0512/57 70 46 (Innsbruck-Stadt)
6370 KITZBÜHEL, Untere Gänsbachgasse 6, Tel.: 05356/74000
6500 LANDECK, Maisengasse 12, Tel.: 05442/65 774
9900 LIENZ, Dolomitenstraße 9, Tel.: 04852/63 0 66
6600 REUTTE, Gymnasiumstraße 14, Tel.: 05672/638 35
6130 SCHWAZ, Innsbrucker Straße 27, Tel.: 05242/658 35
6300 WÖRGL, Bahnhofstraße 6, Tel.: 05332/73 2 87

Schulpsychologie-Bildungsberatung Vorarlberg
Landesreferentin: Hofrätin Dr. Maria Helbock
6900 BREGENZ, Bergstraße 8, Tel.: 05574/47 7 98
E-Mail: schulser@schulen.vol.at
Internet: http://www.vobs.at/landesschulrat/service.htm

Beratungsstellen:
6700 BLUDENZ, Walserweg 1, Tel.: 05552/63 8 63
6900 BREGENZ, Bergstraße 8, Tel.: 05574/47 7 98
6850 DORNBIRN, Realschulstraße 6, Tel.: 05572/28 1 48
6807 FELDKIRCH/Tisis, Carinagasse 11, Tel.: 05522/76 1 68

Schulpsychologie-Bildungsberatung Wien
Landesreferentin: Hofrätin Dr. Mathilde Zeman
1080 WIEN, Strozzigasse 2, Tel.: 01/52-525/77505
E-Mail: may-psy@ssr.magwien.gv.at
Internet: http://www.magwien.gv.at/ssr/ansprechpartner/anspr5.htm

Beratungsstellen:
1080 WIEN, Strozzigasse 2, Tel.: 01/52-525/77518 (für VS/HS/ASO)
1080 WIEN, Strozzigasse 2, Tel.: 01/52-525/77535 (für AHS)
1060 WIEN, Mollardgasse 87, Tel.: 01/52-525/77547 (für Berufsschulen)
1080 WIEN, Strozzigasse 2, Tel.: 01/52-525/77555 (für BMS u. BHS)

Die Schüler- und Bildungsberatung

Orientierungshilfe und Begleitung
An allen Schulen ab der 5.Schulstufe steht den Schülerinnen und Schülern sowie deren Eltern zur Beratung bei Laufbahnfragen oder anderen Sorgen in der Schule ein(e) entsprechend ausgebildete(r) Lehrer(in), der (die) Schülerberater(in) (an Hauptschulen, allgemeinbildenden höheren Schulen und Bildungsanstalten für Kindergartenpädagogik bzw. Sozialpädagogik) bzw. der (die) Bildungsberater(in) (an berufsbildenden mittleren und höheren Schulen) zur Verfügung.

Die Aufgabenfelder der Schüler- und Bildungsberatung
Schüler- und Bildungsberater/innen haben zwei Aufgabenfelder, die sich gegenseitig ergänzen und miteinander in Zusammenhang stehen:

1. **Information als Orientierungshilfe und Entscheidungsvorbereitung:** Sie informieren über weiterführende Ausbildungsmöglichkeiten bzw. Ausbildungsalternativen. Schülerinnen und Schüler bzw. deren Eltern werden über Bildungsgänge, deren Eingangsvoraussetzungen und Abschlussqualifikationen informiert. Die Information erfolgt durch Klassenvorträge, Vorträge bei Elternabenden, Weitergabe von Informationsmaterialien, die Einladung von externen Expertinnen und Experten sowie die Organisation von Exkursionen und Betriebsbesichtigungen.

2. **ndividuelle Beratung und Vermittlung von Hilfe:** Schüler- und Bildungsberater/innen bieten Schülerinnen und Schüler bzw. deren Eltern individuelle Beratung an. Diese Beratung kann Laufbahnfragen und/oder andere persönliche Probleme betreffen (z. B. Lern- oder Verhaltensschwierigkeiten) bzw. auch in der Vermittlung von Hilfe durch andere Beratungs- oder Betreuungeinrichtungen zum Ausdruck kommen. Schüler- und Bildungsberater/innen sollen in diesem Sinn eine erste Anlaufstelle für Schwierigkeiten in und mit der Schule darstellen.

Neben vielen **Informationsbroschüren** verfügen viele Schülerberater(innen) auch über ein Computerprogramm, das ihnen hilft, den Ratsuchenden Informationen über für sie maßgeschneiderte Bildungsmöglichkeiten zu geben: Das **Schullaufbahn-Beratungs-System (SBS)** kann nach Eingabe mehrerer unterschiedlicher Anforderungen bzw. Wünsche (Interessen, besondere Schwerpunkte, angestrebte Berufsfelder, bisheriger Ausbildungsstand, Wohnort bzw. Gebiet, in dem die Schule liegen soll) diejenigen Schulformen und Schulstandorte aussuchen, auf die diese Anforderungen und Wünsche zutreffen. Eine kurze Beschreibung der ausgewählten Schulformen und Schulstandorte (Adresse, Telefonnummer, Ausbildungsdauer, Stundentafel, gegebenenfalls Berufsberechtigungen nach Abschluss) kann ausgedruckt und den Ratsuchenden mitgegeben werden. Auch Informationen über Adressen, Telefonnummern und Ansprechpartner(innen) in speziellen Beratungseinrichtungen (Schulpsychologie-Bildungsberatung, Arbeitsmarktservice, Berufsinformationszentren, Schulservicestellen) können maßgeschneidert hergestellt und mitgegeben werden (Auskunft zum SBS beim Programmautor Dr. G. Krötzl, BMUK, Abt.V/8, Tel.: 01/53120-2582).

Neben direkten Fragen zur Schullaufbahnwahl sind die **Schülerberater(innen) und Bildungsberater(innen) auch Gesprächspartner(innen) bei persönlichen Problemen**. Das „Nicht-Wollen" kann auch ein „Nicht-Können" in dem Sinn sein, dass im Leben derzeit andere Probleme vordringlicher sind als die mit „der Schule".

Wie erreicht man die Schüler- und Bildungsberater(innen)?

- **An jeder Hauptschule, jeder allgemeinbildenden höheren Schule, jeder Bildungsanstalt für Kindergartenpädagogik, jeder Bildungsanstalt für Sozialpädagogik, den Sonderschulen und Polytechnischen Schulen** gibt es einen, bei höheren Schulen mit sehr vielen Klassen auch mehrere Lehrer(innen), die **Schülerberater(innen)** sind. In berufsbildenden Schulen gibt es Bildungsberater(innen), die ähnliche Aufgaben erfüllen.

- Die Namen können in den Direktionen oder im jeweiligen Landesschulrat (Stadtschulrat) bei der Abteilung Schulpsychologie-Bildungsberatung erfragt werden. Oft gibt aber auch eine entsprechende Mitteilung am schwarzen Brett der Schule über Namen und Sprechstunde des Schülerberaters oder der Schülerberaterin Auskunft.
- In jedem Bundesland gibt es Arbeitsgemeinschaftsleiter(innen) der Schülerberater(innen) und Bildungsberater(innen) für jede Schulart (im Hauptschulbereich meist für jeden Bezirk, sonst einen oder eine pro Region und eine Landesarbeitsgemeinschaftsleiterin oder einen Landesarbeitsgemeinschaftsleiter), die für Planung und Koordination der Fortbildung in ihrem Bereich zuständig sind.
- Die Namen der Arbeitsgemeinschaftsleiter(innen) können bei der Abteilung Schulpsychologie-Bildungsberatung im jeweiligen Landesschulrat (Stadtschulrat) erfragt werden.

Schulservicestellen

Die Schulservicestellen bei den Schulbehörden des Bundes stehen als erste Anlaufstelle für Fragen zum Thema Schule zur Verfügung. Sie geben auch Auskünfte über schulrechtliche Fragen, Aufnahmevoraussetzungen für bestimmte Schulformen und Schuladressen.

Schulservice im Bundesministerium für Unterricht und kulturelle Angelegenheiten:
1014 Wien, Freyung 1 (Postfach 65), Tel.: 0660/52 20 (zum Ortstarif aus ganz Österreich)

Schulservicestellen in den Bundesländern

Schulservicestelle im Landesschulrat für Burgenland
7000 Eisenstadt, Kernausteig 3, Tel.: 02682/710-152
7001 Eisenstadt, Kernausteig 3, Tel.: 02682/710-136 (Schulberatung für AusländerInnen)

Schulservicestelle im Landesschulrat für Kärnten
9010 Klagenfurt, 10.-Oktober-Straße 24, Tel.: 0463/58 12-313

Schulservicestelle im Landesschulrat für Niederösterreich
3109 St. Pölten, Rennbahnstraße 29, Tel.: 02742/280-4131
3109 St. Pölten, Rennbahnstraße 29, Tel.: 02742/280-4812 (Schulberatung für AusländerInnen)

Schulservicestelle im Landesschulrat für Oberösterreich
4010 Linz, Sonnensteinstraße 22, Tel.: 0732/7071-9121
4020 Linz, Pfarrgasse 9, Tel.: 0732/23 93-14 37 (Schulberatung für AusländerInnen)

Schulservicestelle im Landesschulrat für Salzburg
5010 Salzburg, Mozartplatz 8-10, Tel.: 0662/80 42-2071
5010 Salzburg, Mozartplatz 8-10, Tel.: 0662/80 42-3013 (Schulberatung für AusländerInnen)

Schulservicestelle im LSR f. Steiermark
8015 Graz, Körblergasse 23, Tel.: 0316/345-1104,238
8053 Graz, Klusemannstraße 21/I, Tel.: 0316/27 24 46-14 (Schulberatung für AusländerInnen)

Schulservicestelle beim Landesschulrat für Tirol
6010 Innsbruck, Innrain 1, Tel.: 0512/520 33-113
6010 Innsbruck, Innrain 1, Tel.: 0512/520 33-114 (Schulberatung für AusländerInnen)

Schulservicestelle im Landesschulrat für Vorarlberg
6900 Bregenz, Bergstraße 8, Tel.: 0660/8858
6900 Bregenz, Bahnhofstraße 12, Tel.: 05574/49 60 65 (Schulberatung für AusländerInnen)

Schulservicestelle im Stadtschulrat für Wien
1010 Wien, Dr. Karl-Renner-Ring 1, Tel.: 01/525 25-77561
1010 Wien, Postgasse 11, Tel.:01/512 69 06 (Schulberatung für MigrantInnen)

Berufsinformationszentren

In Österreich unterhalten das Arbeitsmarktservice und die Wirtschaftskammer Berufsinformationszentren.
Die Berufsinformationszentren des Arbeitsmarktservices bieten auch Jugendlichen konzentrierte Informationen über Berufs- und Ausbildungsmöglichkeiten. Es gibt Informationen in schriftlicher Form und auch mit Hilfe anderer Medien (EDV, Videos).
An manchen Berufsinformationszentren werden auch spezielle berufskundliche Ausstellungen und Veranstaltungen durchgeführt bzw. psychologische Beratungen angeboten.
Das Angebot der Berufsinformationszentren der Wirtschaftskammern und der Bildungsberatung der Wirtschaftsförderungsinsitute ist ähnlich gestaltet: Es liegen Informationsmaterialien für Fragen zur Berufswahl und Ausbildung auf, berufskundliche Filme können angesehen werden, Berufsfindungsseminare werden veranstaltet sowie psychologische Beratung und Testung angeboten.

Adressen von Berufsinformationszentren in den Bundesländern

Burgenland
Arbeitsmarktservice
7001 Eisenstadt, Ödenburgerstr. 4, Tel.: 02682/693 DW 93 (BIZ Eisenstadt)
7400 Oberwart, Ambrosigasse 15, Tel.: 03352/322 08-80 (BIZ Oberwart)

Wirtschaftskammer
7001 Eisenstadt, Robert-Graf-Platz 1, Tel.: 02682/695-110 (BIBS-Berufsinformations- und Bildungsberatung)

Kärnten
Arbeitsmarktservice
9560 Feldkirchen, St. Veiter Straße 1, Tel.: 04276/2162-30 (BIZ Feldkirchen)
9620 Hermagor, Grabengasse 4, Tel.: 04282/20 61 11 (BIZ Hermagor)
9021 Klagenfurt, Rudolfsbahngürtel 40, Tel.: 0463/3832-370 (BIZ Klagenfurt)

9800 Spittal/Drau, Jahnstraße 5, Tel.: 04762/35 120 (BIZ Spittal/Drau)
9300 St. Veit/Glan, Platz am Graben 4, Tel.:04212/36361 (BIZ St.Veit/Glan)
9501 Villach, Meister-Friedrich Straße 3, Tel.: 04242/31 22 16 (BIZ Villach)
9100 Völkermarkt, Hauptplatz 14, Tel.: 04232/3048-503 (BIZ Völkermarkt)
9400 Wolfsberg, Gerhart-Ellert-Platz 1, Tel.: 04352/522 81-312 (BIZ Wolfsberg)

Wirtschaftskammer
9020 Klagenfurt, Bahnhofstraße 42, Tel.:0463/58 68-880 (Bildungs- und Berufsinformation der WK Kärnten)

Niederösterreich
Arbeitsmarktservice
2500 Baden, Josefsplatz 7, Tel.: 02252/201-107 (BIZ Baden)
3500 Krems, Südtirolerplatz 2, Tel.: 02732/82546 DW 42 (BIZ Krems)
2620 Neunkirchen, Dr. Stockhammer-Gasse 31, Tel.: 02635/628 41-325 (BIZ Neunkirchen)
3100 St.Pölten, Daniel Granstr. 12, Tel.: 02742/309-2601 (BIZ St.Pölten)
2351 Wiener Neudorf, Triester Straße 14, Tel.: 02236/86896 (BIZ Mödling)

Wirtschaftskammer
2230 Gänserndorf, Eichamtsstr.15, Tel.:02282/44 94 (WIFI BIZ Gänserndorf)
3950 Gmünd, Weitraer Str. 44, Tel.:02852/52 947 (WIFI BIZ Gmünd)
2130 Mistelbach, Pater-Helde-Str. 19, Tel.:02572/41 32 (WIFI BIZ Mistelbach)
3100 St. Pölten, Mariazeller Straße 97, Tel.:02742/890-217 (WIFI BIZ St. Pölten)
2700 Wr. Neustadt, Prof.-Dr.-Stephan-Koren-Straße 10, Tel.:02622/ (BIZ des WIFI NÖ im RIZ)

Oberösterreich
Arbeitsmarktservice
5280 Braunau, Laaber Holzweg 44, Tel.: 07722/63345-104 (BIZ Braunau)
4070 Eferding, Kirchenplatz 4, Tel.: 07272/2202-32 (BIZ Eferding)
4240 Freistadt, Am Pregarten 1, Tel.: 07942/743 31-32 (BIZ Freistadt)
4810 Gmunden, Karl-Plentzner-Straße 2, Tel.: 07612/64591-101 (BIZ Gmunden)

4710 Grieskirchen, Manglburg 23, Tel.: 07248/62271-22 (BIZ Grieskirchen)
4560 Kirchdorf, Bambergstraße 46, Tel.: 07582/3251-32 (BIZ Kirchdorf)
4021 Linz, Wienerstr. 7, Tel.: 0732/6903-9019 (BIZ Linz)
4910 Ried im Innkreis, Peter-Rosegger-Straße 27, Tel.: 07752/84456 (BIZ Ried/Innkreis)
4780 Schärding, Alfred Kubin Straße 102, Tel.: 07712/3131-104 (BIZ Schärding)
4400 Steyr, Tomitzstraße 7, Tel.: 07252/53391-55 (BIZ Steyr)
4840 Vöcklabruck, Industriestraße 23, Tel.: 07672/733-24 (BIZ Vöcklabruck)
4600 Wels, Salzburger Straße 23, Tel.: 07242/619-153 (BIZ Wels)

Wirtschaftskammer
4010 Linz, Mozartstraße 22, Tel.:0732/7800-448 (BIPOL Berufsinformationszentrum der WK)

Salzburg
Arbeitsmarktservice
5027 Salzburg, Auerspergstr.50, Tel.: 0662/88 83-811 (BIZ Salzburg)
5700 Zell am See, Saalfeldnerstraße 28, Tel.: 06542/3187 62 (BIZ Zell/See)

Wirtschaftskammer
5020 Salzburg, Auerspergstr.18, Tel.: 0662/88 88-277 (AHA! Bildungsberatung der WK Salzburg)

Steiermark
Arbeitsmarktservice
8530 Deutschlandsberg, Rathausgasse 4, Tel.: 03462/6080 (BIZ Deutschlandsberg)
8330 Feldbach, Gleichenbergerstraße 2/2, Tel.: 03152/4388-52 (BIZ Feldbach)
8010 Graz, Wickenburggasse 32, Tel.: 0316/70 80/108 (BIZ Graz)
8230 Hartberg, Ressavarstraße 16, Tel.: 03332/61402 (BIZ Hartberg)
8720 Knittelfeld, Hans-Resel-Gasse 17, Tel.: 03512/825 91-41 (BIZ Knittelfeld)
8700 Leoben, Peter Tunner Str. 15, Tel.: 03842/46091-16 (BIZ Leoben)
8940 Liezen, Ausseerstraße 9-11, Tel.: 03612/25770 (BIZ Liezen)
8680 Mürzzuschlag, Grazer Straße 5, Tel.: 03852/2180-33 (BIZ Mürzzuschlag)

Wirtschaftskammer
8021 Graz, Körblergasse 111-113, Tel.: 0316/602-290 (WIFI Bildungsberatung der WK Steiermark)

Tirol
Arbeitsmarktservice
6020 Innsbruck, Südtirolerplatz 14-16, Tel.: 0512/586 300-10 (Euro-BIZ Innsbruck)
6370 Kitzbühel, Ehrenbachgasse 29, Tel.: 05356/2422-23 (BIZ Kitzbühel)
6333 Kufstein, Oskar Pirlostr. 13, Tel.: 05372/648 91-26 (BIZ Kufstein)
6500 Landeck, Innstr. 11, Tel.: 05442/626 16-16 (BIZ Landeck)
9900 Lienz, Dolomitenstraße 1, Tel.: 04852/64555-11 (BIZ Lienz)
6600 Reutte, Claudiastraße 7, Tel.: 05672/62404-41 (BIZ Reutte)
6130 Schwaz, Swarowskistraße 22, Tel.: 05242/62409-45 (BIZ Schwaz)

Wirtschaftskammer
6020 Innsbruck, Meinhardstraße 14, Tel.: 0512/5310-471 (BIZ der WK Tirol)
6020 Innsbruck, Egger-Lienz-Straße 116, Tel.: 0512/53 50-282 (WIFI Bildungsberatung der WK Tirol)

Vorarlberg
Arbeitsmarktservice
6700 Bludenz, Bahnhofplatz 1B, Tel.: 05522/623 71 (BIZ Bludenz)
6900 Bregenz, Römerstraße 2, Tel.: 05574/48784-12 (BIZ Bregenz)

Wirtschaftskammer
6850 Dornbirn, Marktstraße 12a, Tel.: 05572/317 17-0 (BIFO Berufs- und Bildungsinformation Vorarlberg)

Wien
Arbeitsmarktservice
1070 Wien, Hermanngasse 8, Tel.: 01/526 5752-441 (BIZ 7)
1120 Wien, Reschgasse 20-22, Tel.: 01/817 4552-501 (BIZ 12)

Wirtschaftskammer
1180 WIEN, Währinger Gürtel 97, Tel.: 01/476 77-590 (WIFI Bildungsberatung der WK Wien)
1180 WIEN, Währinger Gürtel 97, Tel.:01/470 33 07-10 (BIWI - Berufsinformationszentrum der Wirtschaft)

In welcher Weise können Bildungsmessen die Entscheidung unterstützen?

Bildungsmessen (insbesondere die gemeinsam vom BMWV, BMUK und AMS veranstaltete Messe für Beruf und Studium) haben hohe Besucherzahlen. Jedoch nicht alle Besucher sind in der Lage, das vielfältige Angebot optimal für sich zu nutzen. Oft bleibt das Gefühl der Verwirrung zurück, oder „jetzt noch weniger zu wissen, was ich machen will, als vorher".
Um die vielen Informations- und Gesprächsmöglichkeiten optimal für die eigene Entscheidungsfindung nutzen zu können, ist Vorbereitung wichtig. Eine Möglichkeit dazu ist die **Formulierung und Analyse von Fragen zur Ausbildungswahl.**
Sie können dabei folgendermaßen vorgehen:

Fragen sammeln
Nehmen Sie ungefähr zwanzig kleine Karteikarten zur Hand und schreiben Sie alle Fragen, die Ihnen im Zusammenhang mit der Ausbildungswahl einfallen, auf. Verwenden Sie für jede Frage eine eigene Karte. Nehmen Sie sich ausreichend dafür Zeit (ca. 10–15 Minuten) und lassen Sie ihren Gedanken freien Lauf. Schreiben Sie alle Fragen auf, die Ihnen in den Sinn kommen, ohne daran zu denken, wer oder was Ihnen darauf eine Antwort geben könnte oder ob eine Antwort überhaupt möglich ist.

Fragen ordnen
Bilden Sie nun aus den beschriebenen Karten zwei Stöße:
- Auf den einen Stoß legen Sie alle Karten, auf denen **allgemeine Fragen** stehen.
  Auf allgemeine Fragen gibt es Antworten, die auf alle an dieser Frage interessierten Schülerinnen und Schüler in gleicher Weise zutreffen (z. B. Informationen über Schul- bzw. Studienarten, Ausbildungsdauer, Aufnahmevoraussetzungen, Abschlüsse, Berufsbilder, Berufsaussichten...).

Beispiele:
An welcher AHS in der Umgebung kann man Griechisch lernen?
Welche berufsbildenden höheren Schulen gibt es in Wels?
Welche Ausbildungen bzw. Prüfungen muss ich machen, um einmal den Betrieb meines Vaters übernehmen zu können?
Welche Berufsmöglichkeiten hat man nach Absolvierung der Handelsschule?
Soll man heute überhaupt noch studieren?

- Auf den anderen Stoß legen Sie alle Karten, auf denen **individuelle Fragen** stehen.
  Individuelle Fragen sind nicht allgemein zu beantworten. Die Antworten können sich jeweils nur auf die Fragestellerin bzw. den Fragesteller beziehen und daher auch unterschiedlich sein (z. B. Fragen nach der Eignung, den Interessen, der Attraktivität einer Ausbildung, den Belastungen...).
  Beispiele:
  Ist mein künstlerisches Talent zum Besuch der Grafikfachschule ausreichend?
  Werde ich eine höhere Schule schaffen?
  Wird mir das frühe Aufstehen und die lange Fahrzeit zu schaffen machen?
  Entspricht die HTL für Elektronik meinen Interessen und Begabungen?

Sie haben nun zwei Kartenstöße vor sich liegen:

Allgemeine Fragen	Individuelle Fragen

Nehmen Sie nun nochmals die Karten mit den **allgemeinen Fragen** zur Hand und teilen Sie diese folgendermaßen auf:

- Auf den ersten Stoß legen Sie alle Karten, die Fragen enthalten, auf die es höchstwahrscheinlich eine allgemein gültige und vollständige Antwort gibt. Wir nennen diese Fragen **geschlossene Fragen**. Es handelt sich dabei z. B. um Fragen nach gesetzlichen Vorschriften, Adressen, Angeboten einer Ausbildungsinstitution.

Beispiele:
An welcher AHS in der Umgebung kann man Griechisch lernen?
Welche berufsbildenden höheren Schulen gibt es in Wels?
Welche Ausbildungen bzw. Prüfungen muss ich machen, um einmal den Betrieb meines Vaters übernehmen zu können?

Die anderen Karten enthalten Fragen, auf die es mehrere, unvollständige – oder vielleicht auch widersprüchliche – Antworten geben kann. Diese Fragen lassen sich folgendermaßen gruppieren:

- Oft handelt es sich dabei um ein Recherchieren bzw. ein Sammeln von Möglichkeiten (z. B. Möglichkeiten zum Studieren im Ausland; Ausbildungen, die bestimmte Begabungen oder Interessen unterstützen). Solche Fragen bezeichnen wir als **offene Informationsfragen**.
  Beispiele:
  Welche Berufsmöglichkeiten hat man nach Absolvierung der Handelsschule?
  Was kann man mit einer AHS-Matura alles anfangen?

- Oder es sind Fragen, die in die Zukunft gerichtet sind, als Antworten werden Prognosen erwartet (z. B. Berufsaussichten nach einer bestimmten Ausbildung) – im Folgenden daher als **prognostische Fragen** klassifiziert.
  Beispiele:
  Wird man in Zukunft mehr Kindergärtnerinnen brauchen?
  Wie viel Geld werde ich als HTL-Ingenieur verdienen können?

- Manchmal werden auch Fragen gestellt, deren Ziel es ist, Meinungen und Bewertungen einer Expertin bzw. eines Experten zu einem bestimmten Thema, einer Ausbildung oder einem Beruf zu erkunden (z. B. Bevorzugung von Generalisten oder Spezialisten) – daher die Bezeichnung **Bewertungsfragen**.
  Beispiele:
  Soll man heute überhaupt noch studieren?
  Ist man als Ingenieur in einem Betrieb angesehen?
  Ist die Entlohnung von Lehrlingen eigentlich angemessen?

Nun nehmen Sie den Stoß mit den **individuellen Fragen** zur Hand. Diese sind letztlich nur selbst beantwortbar (z. B. Wofür interessiere ich mich? Soll ich überhaupt noch studieren?). Oft ist es aber wertvoll, dabei auch auf Hilfen „von außen“ zurückgreifen zu können. Überlegen Sie zu jeder Frage: **„Brauche ich zur Beantwortung noch mehr Informationen von außen?“.** Suchen Sie aus dem Stoß mit den individuellen Fragen alle Karten heraus, auf die das zutrifft.

- **Information von außen notwendig:**
  Für die Beantwortung dieser Fragen ist es notwendig, eigene Wünsche, Interessen und Stärken in Beziehung zu Anforderungen und Gegebenheiten der Umwelt (z. B. Anforderungen der Ausbildung, damit zusammenhängende Lebensbedingungen, Schulweg) zu bringen.
  Beispiele:
  Kann ich meine Stärken in der HAK entfalten? (→ Information über Inhalte der HAK einholen)
  Werde ich darunter leiden, wenn ich im Internat wohnen muss und nicht jeden Abend heim kommen kann? (→ Informationen über Lebensbedingungen im Internat einholen)

- **Information von außen kaum notwendig:**
  Für die Beantwortung dieser Fragen ist es primär notwendig, sich über eigene Wünsche, Befürchtungen, Hoffnungen, Ängste klar zu werden. Informationen über äußere Gegebenheiten sind zunächst noch nicht hilfreich.
  Beispiele:
  Ich weiß nicht, wofür ich mich eigentlich interessiere und ob ich überhaupt noch länger eine Schule besuchen will.
  Kann ich meinen Berufswunsch gegen den Willen meiner Eltern durchsetzen?

Sie haben nun mehrere (bis zu sechs) Kartenstöße vor sich liegen:

Allgemeine Fragen	Individuelle Fragen
Geschlossene Fragen	Individuelle Fragen mit Informationsnotwendigkeit von „außen“
Offene Informationsfragen	Individuelle Fragen ohne Informationsnotwendigkeit von „außen“
Prognostische Fragen	
Bewertungsfragen	

Informationsquellen überlegen – Besuchsplan für die Messe erstellen

Durch die Zuordnung jeder Frage zu einer dieser Kategorien gelingt es, bei der Messe die „richtigen“ Ausstellungsstände zu besuchen und den „richtigen“ Adressaten die „richtigen“ Fragen zu stellen. Dazu ist es notwendig, die Fragen der einzelnen Kartenstöße noch einmal durchzugehen und je nach Kategorie – in unterschiedlicher Weise – dafür hilfreiche Informations- und Beratungsangebote der Messe – unter Zuhilfenahme des Ausstellerverzeichnisses und mit Unterstützung von Eltern und/oder Lehrer/innen – aufzuspüren. Manche Fragen lassen sich bei einem Messebesuch beantworten, manche nur teilweise, einige auch gar nicht. Hilfe dazu bekommt man dann vielleicht eher in Gesprächen mit Personen, die einen gut kennen (Eltern, Freunde, Lehrer), bei professionellen Beratungsinstitutionen (z. B. der Schulpsychologie-Bildungsberatung) oder dem Schülerberater bzw. der Schülerberaterin an der Schule.

Einige Hinweise zum Aufspüren von Informations- und Beratungsangeboten für die einzelnen Fragenarten:

- Auf eine **geschlossene allgemeine Frage** lässt sich meist ein bestimmter Messestand angeben, bei dem eine vollständige Antwort zu erwarten ist. Beispiel:
  Welche Fachhochschulstudiengänge werden in Hagenberg geführt? Wie ist der Anmeldevorgang? Welche Lehrveranstaltungen mit welchem Stundenausmaß sind vorgesehen?
- Bei einer **offenen Informationsfrage** sind meist mehrere Messestände zu kontaktieren. Es ist nicht sicher, ob eine vollständige Antwort möglich ist.
  Beispiel: Welche Möglichkeiten gibt es, um im Ausland Wirtschaft (speziell Marketing) zu studieren. Was kostet das, welche Unterstützungen sind möglich, wie sind die Aufnahmechancen?
- Zu einer **prognostischen Frage** ist eine gesicherte Antwort meist nicht möglich. Informationen und Meinungen (aus unterschiedlichen Sichtweisen) können oft bei mehreren Messeständen eingeholt werden.
  Beispiel: Wie sind die Berufsaussichten für Biologen? (z. B. aus der Sicht des AMS, der Universität, der Wirtschaftskammer, der Arbeiterkammer ....
- **Bewertungsfragen** dienen der Einordnung von Ausbildungsmöglichkeiten und Berufen in das eigene Wertesystem. Sie sollten aber nie der Hauptgrund für die Entscheidung sein. Man sollte versuchen, Bewertungsfragen durch individuelle Fragen zu ersetzen.
  Beispiel:
  Ist man als Lehrer heutzutage überhaupt noch angesehen?
  z. B. Umformulierung in individuelle Fragen:
  Ist es mir wichtig, einen angesehen Beruf zu haben?
  Was bedeutet Anerkennung für mich? Von wem ist mir Anerkennung besonders wichtig?
  Eigne ich mich für den Beruf als Lehrer?
  Welche Meinung habe ich bzw. meine Eltern von Lehrern?

Chance für Beraterinnen und Berater:
Bewertungsfragen stellen oft auch deshalb für die Jugendlichen ein wichtiges Kriterium dar, weil Berufs- und Bildungsentscheidungen immer gegenüber dem Umfeld (Eltern, Freunde...) vertreten werden müssen. Die Bedeutung des zu erwartenden Prestiges ist abhängig von der Sozialisation und dem Selbstwertgefühl des Jugendlichen. Die Problematik von Bewertungsfragen sollte mit Schülerinnen und Schülern besprochen werden.
Daher: Die Subjektivität von Bewertungsfragen aufzeigen! Unterstützung bei der Umformulierung in individuelle Fragen geben!

- Zu manchen **individuellen Fragen** bekommt man – obwohl sie letztlich nur selbst beantwortet werden können – **Hilfen und Hinweise bei manchen Messeständen** (die z. B. allgemeine Beratung anbieten). Ein Beratungsgespräch mit dem Schülerberater bzw. der Schülerberaterin vor dem Messebesuch könnte aber schon manches klären und helfen, Fragen der ersten drei Kategorien zu formulieren.
  Beispiel: Ich weiß nicht, wofür ich mich eigentlich interessiere und ob ich überhaupt noch weiter in die Schule gehen soll.
- Es gibt aber auch **individuelle Fragen**, die **nicht durch einen Messebesuch beantwortet** werden können. Ein Beratungsgespräch mit dem Schülerberater bzw. der Schülerberaterin könnte aber Wege zur Bearbeitung dieser Frage weisen.
  Beispiel: Wie wird das für mich werden, wenn ich von zu Hause fort muss und den Kontakt zu meinen Freundinnen und Freunden verliere?

Beim Messebesuch berücksichtigen:
Auf offene Fragen (insbesondere prognostische Fragen und Bewertungsfragen) und individuelle Fragen (sofern man sie stellt) gibt es oft widersprüchliche Antworten.

Zusätzliche Anregungen für Schüler- und Bildungsberater(innen) zur Integration eines Messebesuches in die Beratungstätigkeit

Die Schülerberaterin bzw. der Schülerberater unterstützt durch Informations- und Beratungstätigkeit die Schülerinnen und Schüler in ihrem Entscheidungsprozess. Dieser Prozess kann für Schülerinnen und Schüler durch folgende vier Phasen beschrieben werden:

Phase 1 – Die selbstständige Entscheidung vorbereiten

Entscheidungen, die einen selbst betreffen, sollte man auch selbst treffen. Aber Sie sollten auch auf den Rat von Menschen, denen Sie vertrauen, nicht verzichten.

Phase 2 – Die eigenen Wünsche und Möglichkeiten bestimmen

Was sind meine Stärken und was sind meine Schwächen? Welche Interessen und Begabungen habe ich? In welcher Lebenssituation bin ich, welche Veränderungen sind vorstellbar, welche nicht (z. B. Studium auswärts – ja oder nein)?

Phase 3 – Lösungsmöglichkeiten finden
Nun müssen Sie **Ausbildungsmöglichkeiten** finden, die zu Ihnen passen. Es ist ratsam, **nach mehreren Alternativen zu suchen** und sich nicht sofort auf eine bestimmte Ausbildung festzulegen.

Phase 4 – Alternativen überprüfen – Entscheidung treffen
Überlegen Sie sich **Alternativen,** fragen Sie nach **Informationen!** Wichtig ist **„Hingehen" und „Anschauen"**. Günstig ist es auch, mit Studentinnen und Studenten sowie ehemaligen Absolventinnen und Absolventen zu sprechen.

Die Beraterin bzw. der Berater begleitet die Schülerinnen und Schüler durch diese vier Phasen.

Je nach dem, für welche dieser Phasen eine bestimmte Schülerin bzw. ein bestimmter Schüler gerade Unterstützung benötigt, kann der Besuch der Bildungsmesse in verschiedener Weise die Beratung unterstützen, z. B.:

- Mit anderen (Fachleuten) über persönliche Fragen der Studien- und Berufswahl reden (Vertrauen und Offenheit)
- Adressen von einschlägigen Beratungsinstitutionen (Selbsterkenntnis)
- Neue Ideen für zu den persönlichen Stärken und Neigungen passenden Ausbildungen (Lösungsmöglichkeiten)
- (Neue) Informationen über für mich interessante Ausbildungsmöglichkeiten (Alternativen überprüfen)
- Hinweise, wo die Schülerin bzw. der Schüler weitere Detailinformationen erhält bzw. Berufs- bzw. Ausbildungssituationen realistisch erleben kann (Alternativen überprüfen)

Diese individuellen Zielsetzungen können mit der Schülerin bzw. dem Schüler vor Besuch der Messe gemeinsam entwickelt und nachher bei Bedarf gemeinsam aufgearbeitet werden.

Wo finde ich weitere Informationen für den persönlichen Bildungsweg?

Broschüren

des Bundesministeriums für Unterricht und kulturelle Angelegenheiten

	Broschüren für Bildungswege nach der achten und neunten Schulstufe (14- bis 16-Jährige)	Broschüren für Bildungswege nach der Berufsausbildung oder Matura
Allgemeinbildender Bereich	*„Bildungswege zur Matura an allgemeinbildenden höheren Schulen"*	*„Bildungswege nach dem 18. Lebensjahr"*
Kaufmännischer Bereich	*„ABC der berufsbildenden Schulen"*	*„Bildungswege nach dem 18. Lebensjahr"*
Technischer Bereich	*„ABC der berufsbildenden Schulen"*	*„Bildungswege nach dem 18. Lebensjahr"*
Helfender Bereich	*„Bildungswege im helfenden Bereich"*	*„Bildungswege im helfenden Bereich"*
Lehrender Bereich	*„Bildungswege im lehrenden Bereich"*	*„Bildungswege im lehrenden Bereich"*

Allgemeine Informationen und Entscheidungshilfen sowie Adressen von Informations- und Beratungseinrichtungen (mit Schwerpunkt Bildungsentscheidung nach der achten und neunten Schulstufe: Broschüre *„Entscheidungshilfen für den persönlichen Bildungsweg“.*

Studien an Universitäten und Hochschulen (inkl. Fachhochschulstudiengänge): Broschüre *„Universitäten/Hochschulen“* (Herausgeber: Bundesmin. f. Wissenschaft u. Verkehr, Bundesmin. f. Unterricht und kulturelle Angelegenheiten, AMS Österreich).

Wo bekomme ich diese Broschüren?

- bei der Schülerberaterin bzw. dem Schülerberater an der Schule,
- an schulpsychologischen Beratungsstellen,
- bei Bildungsmessen.

Weitere Broschüren, die über Berufe, Aus- und Weiterbildungsmöglichkeiten informieren, sind in Berufsinformations- und Beratungszentren des Arbeitsmarktservices und der Wirtschafts- und Berufsförderungsinstitute erhältlich.

Neue Medien

Informationen über Bildungsangebote von Schulen, Hochschulen und Universitäten sowie berufliche Beschäftigungsmöglichkeiten findet man auch im **Internet** über die Homepage des BMUK, des BMWV und des AMS:

Informationen über Schulen:	**http://www.bmuk.gv.at**
Informationen über Hochschulen und Universitäten:	**http://www.bmwf.gv.at**
Arbeitsmarktinformationen:	**http://www.ams.or.at**

Für besonders interessierte Lehrer(innen), Eltern und Schüler(innen):
Am Bildungsserver des BMUK mit der Internetadresse http://www.schule.at findet man viele Informationen und Diskussionsmöglichkeiten zu verschiedenen Bildungsthemen. Für Schülerberaterinnen und Schülerberater gibt es ein eigenes Forum.

CD-ROMs:
Im Rahmen der Bildungsinformation werden von Schulen auch CD-ROMs eingesetzt. Nähere Informationen darüber beim Schülerberater bzw der Schülerberaterin an der Schule.

Wenn Sie spezielle Bildungsfragen haben oder Anregungen bzw. Korrekturhinweise zu dieser Broschüre, wenden Sie sich bitte an:
ORat Dr. Gerhard Krötzl, Abteilung Schulpsychologie-Bildungsberatung im Bundesministerium für Unterricht und kulturelle Angelegenheiten, Tel. 01/531 20-2582, E-Mail: gerhard.kroetzl@bmuk.gv.at).

NOTIZEN:

NOTIZEN: